图解
教育心理学

吴俊宪
吴锦惠 ◎ 编著

中国纺织出版社有限公司

《图解教育心理学》中文版权©2017/12，吴俊宪，吴锦惠/编著。

本书为五南图书出版股份有限公司授权中国纺织出版社有限公司在中国大陆出版发行简体字版本。本书内容未经出版者书面许可，不得以任何方式或任何手段复制、转载或刊登。

著作权合同登记号：图字：01-2022-0949

图书在版编目（CIP）数据

图解教育心理学 / 吴俊宪，吴锦惠编著. ——北京：中国纺织出版社有限公司，2022.9
ISBN 978-7-5180-9314-4

Ⅰ. ①图… Ⅱ. ①吴… ②吴… Ⅲ. ①教育心理学—图解 Ⅳ. ①G44-64

中国版本图书馆CIP数据核字（2022）第013748号

责任编辑：闫 星　　责任校对：高 涵　　责任印制：储志伟

中国纺织出版社有限公司出版发行
地址：北京市朝阳区百子湾东里A407号楼　邮政编码：100124
销售电话：010—67004422　传真：010—87155801
http://www.c-textilep.com
中国纺织出版社天猫旗舰店
官方微博 http://weibo.com/2119887771
鸿博睿特（天津）印刷科技有限公司印刷　各地新华书店经销
2022年9月第1版第1次印刷
开本：710×1000　1/16　印张：12.5
字数：227千字　定价：49.80元

凡购本书，如有缺页、倒页、脱页，由本社图书营销中心调换

作者的话

教育心理学是结合心理学和教育学的一门学科，它主要应用心理学研究方法去探讨师生互动的教学过程与学习行为。一方面用于建立系统化的学习理论和教学理论，另一方面用于解决教育实际问题。

本书共分为十三章。第一章说明教育心理学的基本概念；第二~第七章探讨发展心理学与教育，包含第二章身体发展与教育、第三章认知发展与教育、第四章社会发展与教育、第五章情绪发展与教育、第六章语言发展与教育、第七章智力发展与教育；第八~第十章剖析当代教育心理学的三大学派及其学习理论，包含第八章行为主义心理学的学习理论、第九章认知主义心理学的学习理论、第十章人本主义心理学的学习理论；第十一章叙述积极心理学的理论与应用；第十二章阐明学习动机与教育；第十三章探究教学理论与教学实践，包含教学设计、教学目标、教学策略、教学评价及班级经营。

本书的最大特色在于采用"一页文、一页图"的方式呈现。文字方面避免长篇论述，尽量条列重点叙述；图表方面尽可能转化复杂艰深的概念加以呈现，让大众更易于阅读和理解。本书已尽可能网罗近年来最新的相关专业书籍及文献资料，相信可以帮助初学者和修习师资培育课程的师范生全盘掌握教育心理学最基本的概念知识、原理原则、理论基础和应用方式。

本书匆促成书，疏漏之处在所难免，尚祈方家不吝指正。

吴俊宪　吴锦惠

目录

第一章　教育心理学的基本概念

1-1　教育心理学的意义　002
1-2　近代教育心理学的发展（一）　004
1-3　近代教育心理学的发展（二）　006

第二章　身体发展与教育

2-1　身体发展的意义与内涵（一）　010
2-2　身体发展的意义与内涵（二）　012
2-3　身体发展与教育　014

第三章　认知发展与教育

3-1　认知发展的基本概念　018
3-2　皮亚杰的认知发展理论（一）　020
3-3　皮亚杰的认知发展理论（二）　022
3-4　皮亚杰的认知发展理论（三）　024
3-5　维果茨基的认知发展理论　026
3-6　布鲁纳的认知发展理论　028

第四章　社会发展与教育

4-1　社会发展的基本概念　032
4-2　弗洛伊德的人格发展理论（一）　034
4-3　弗洛伊德的人格发展理论（二）　036
4-4　埃里克森的心理社会发展理论（一）　038
4-5　埃里克森的心理社会发展理论（二）　040
4-6　埃里克森的心理社会发展理论（三）　042
4-7　皮亚杰的道德发展理论　044
4-8　科尔伯格的道德发展理论（一）　046
4-9　科尔伯格的道德发展理论（二）　048

4-10 社会行为发展的特征与模式（一） 050
4-11 社会行为发展的特征与模式（二） 052
4-12 社会行为发展与教育 054
4-13 防御机制对人格发展的影响 056

第五章　情绪发展与教育

5-1 情绪的意义、构成要素和特征 060
5-2 情绪发展的理论 062
5-3 情绪智力的意义与内涵理论 064
5-4 学生情绪问题与辅导方式 066
5-5 教师情绪问题与心理卫生 068

第六章　语言发展与教育

6-1 语言发展的基本概念 072
6-2 语言发展的历程 074
6-3 语言发展的理论 076
6-4 语言发展与教育 078

第七章　智力发展与教育

7-1 智力的定义与影响因素 082
7-2 智力发展的理论（一） 084
7-3 智力发展的理论（二） 086
7-4 智力测验的发展与类型（一） 088
7-5 智力测验的发展与类型（二） 090
7-6 智力发展与教育 092
7-7 思考发展与教育 094
7-8 创造力发展与教育（一） 096
7-9 创造力发展与教育（二） 098

第八章　行为主义心理学的学习理论

8-1 行为主义心理学概述 102
8-2 经典条件反射理论 104

8-3 操作条件反射理论（一） 106
8-4 操作条件反射理论（二） 108
8-5 社会学习理论 110
8-6 行为主义学习理论在教育上的应用 112

第九章　认知主义心理学的学习理论

9-1 认知主义心理学概述 116
9-2 布鲁纳的发现学习理论 118
9-3 奥苏贝尔的意义学习理论 120
9-4 信息处理学习理论（一） 122
9-5 信息处理学习理论（二） 124
9-6 知识学习分类和学习策略 126
9-7 元认知及其教育含义 128
9-8 自我调整学习策略 130
9-9 认知风格与学习风格 132

第十章　人本主义心理学的学习理论

10-1 人本主义心理学概述 136
10-2 马斯洛的学习理论 138
10-3 罗杰斯的学习理论 140
10-4 人本主义学习理论在教育上的应用 142

第十一章　积极心理学的理论与应用

11-1 积极心理学的起源、意义与目标 146
11-2 积极心理学的理论架构和研究课题（一） 148
11-3 积极心理学的理论架构和研究课题（二） 150
11-4 正向管教的意义、原则和做法 152

第十二章　学习动机与教育

12-1 学习动机的意义 156
12-2 行为和人本主义的学习动机理论 158
12-3 认知主义的学习动机理论（一） 160
12-4 认知主义的学习动机理论（二） 162

第十三章　教学理论与教学实践

13-1　从学习理论到教学理论　166
13-2　教学设计的模式（一）　168
13-3　教学设计的模式（二）　170
13-4　教学目标的两种取向（一）　172
13-5　教学目标的两种取向（二）　174
13-6　教师效能与时间管理　176
13-7　两种取向的教学策略　178
13-8　教学评价的定义与类型　180
13-9　班级经营的定义与内涵　182
13-10　教师效能训练与班级经营　184
13-11　班级经营的重要模式（一）　186
13-12　班级经营的重要模式（二）　188

参考文献　190

第一章

教育心理学的基本概念

章节体系架构

1-1 教育心理学的意义

1-2 近代教育心理学的发展（一）

1-3 近代教育心理学的发展（二）

1-1 教育心理学的意义

一、什么是"心理学"

心理学是探讨人类行为与心智历程的一门科学。

现代心理学之父：威廉·冯特（W. M. Wundt）。1875年，德国心理学家冯特在莱比锡大学（University of Leipzig）建立了世界上第一个心理学实验室。从此，心理学研究不再依赖哲学思辨方法，而是转向用科学实验方法来分析人类的心智结构。

心理学的专业划分，可细分为：生理心理学、知觉心理学、认知心理学、心理动力学、认知神经心理学、人格心理学、教育心理学、社会心理学、临床心理学、工业与组织心理学、消费者心理学、犯罪心理学等。

二、什么是"教育学"

（一）教育的意义

《说文解字》："教，上所施，下所效也；育，养子使作善也。"教育是一种使人向上、向善的过程和结果。

（二）教育学的意义

教育学是探讨人类学习行为原理，并协助个人或团体朝向预定目标改变的过程的一门科学。

（三）教育"学"之父：赫尔巴特（J. F. Herbart，1776—1841）

德国人赫尔巴特，主张教育应以德为先，要注重学生的个别化教学。他提出四个步骤的系统教学法〔清晰、联合、系统和方法〕，并首度在大学开设"教育"（pedagogy）这个专业，使教育成为一门严谨的学科。

三、什么是"教育心理学"

（一）教育心理学的意义

教育心理学以心理学与教育学为基础，属于应用心理学的一个专业。

（二）现代教育心理学之父：桑代克（E. L. Thorndike，1874—1949）

教育心理学正式成为一门学科的名称，始自霍普金斯（Hopkins）出版的《教育心理学》一书。之后，桑代克在1903年出版《教育心理学》，促使教育心理学研究走向科学化。

（三）教育心理学的主要概念

梅耶（R. E. Mayer）认为教育心理学是探讨在教学环境和学习者特性交互作用下，学习者认知成长的情形。张春兴（2015）认为教育心理学研究旨在通过了解人性、改变人性，进而实现教育目的。综合来说，教育心理学是应用心理学研究方法去探讨师生互动的教学过程与学习行为，进而解决教育实际问题，建立有系统的教学（或学习）理论。

（四）教育心理学的重要性

①师资培育机构将教育心理学列为基础课程中的必修科目之一。

②学校教育改革和制订教师专业标准，将教育心理学列为教师必备的知识，用于了解学生学习方式的个别差异、学习动机和学习策略等。

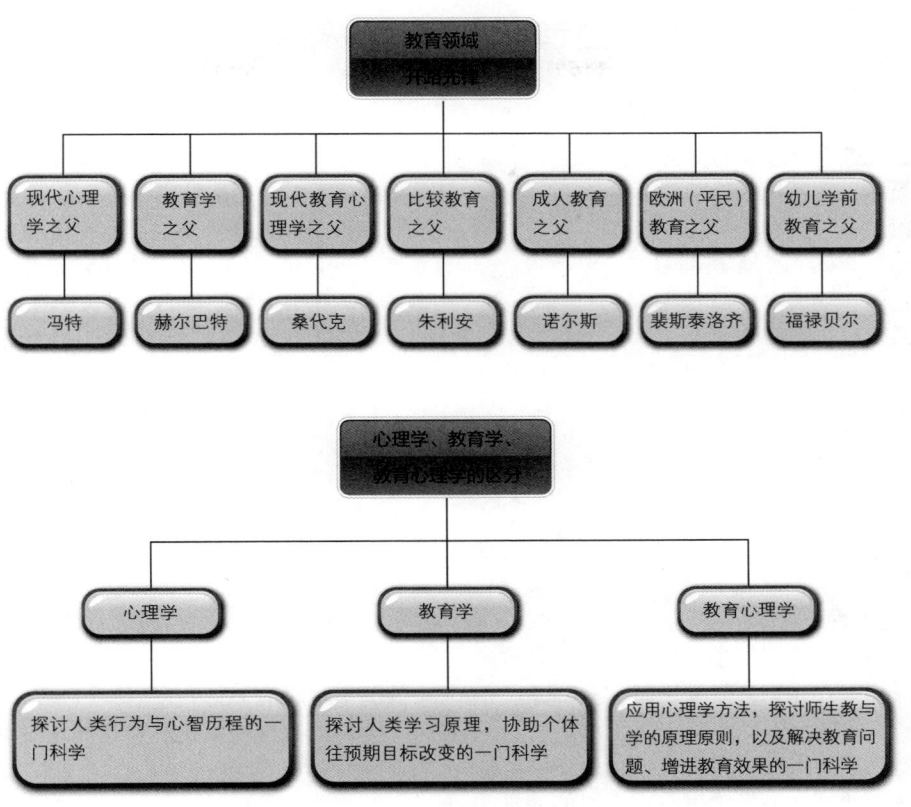

教育和教育学的比较

条目	时间	定义	关系
教育	有人类就有教育存在	东方："教，上所施，下所效也；育，养子使作善也。"西方：education的字源，来自拉丁文educare，养育或引出之意	教育是教育学的实践场域
教育学	近一两百年出现的有系统的理论研究	探讨教育理论与实践的一门学科	教育学是教育实施的原理原则

1-2 近代教育心理学的发展(一)

一、近代教育心理学的发展阶段
第一,教育哲学阶段。
第二,科学心理学阶段。
第三,教学心理学阶段。
第四,现代教育心理学阶段。

二、各阶段发展的概况

(一)教育哲学阶段(18世纪中期至19世纪末期)

1.裴斯泰洛齐(J. H. Pestalozzi,1746—1827)

(1)倡导教育爱
视学校如家庭、教师如父母、学生如子女。

(2)直观教学法
①知识的直观:学生通过感官所获得的知识最牢固;知识教学要由具体到抽象、化繁为简,并以具体实物为主。
②品德的直观:重视身教,要让学生感受到教师的爱,激发学生自主学习的动机,而不是靠皮鞭或责骂。

(3)重视个性发展
以种子萌芽来比喻教育的过程,强调个体差异与自然发展的存在。

2.赫尔巴特
1806年出版《教育科学》(The Science of Education)一书。
①提出教育应以道德为先:道德教学以善意、自由、完美、权利、正义为基础。
②系统教学法:提出"清晰、联合、系统、方法"四段教学法,后经其学生修改为"预备、提示、比较、总结、应用"五段教学法。

3.福禄贝尔(F. Fröbel,1782—1852)
创办幼儿园(kindergarten)。
①重视儿童团体游戏:游玩是学龄前学生的生活重心,而玩具应取自大自然。
②提出以儿童为本:要了解儿童心性,允许儿童自由活动,通过手工创造来引发潜力,训练观察力和鉴赏力,以及反省思考。

(二)科学心理学阶段(19世纪末期至1950年代)

1.桑代克(1872—1949)
是最早经由动物行为实验研究(猫在迷笼学习开门取食的实验)来建立学习理论的人。提出准备律、练习律、效果律及学习迁移等学习原理,并应用到教育上。引发教育科学运动。

2.斯金纳(B. F. Skinner,1902—1990)
根据"刺激—反应"的联结,提出操作条件的学习理论。
①环境决定说:控制外在环境可以改变学习行为。
②增强作用:正强化、负强化、后效强化。

3.杜威(J. Dewey,1859—1952)
①基本主张:教育即生活、教育即生长、学校即社会、教育无固定目的。
②倡导民主教育与儿童中心:学校课程应符合学生兴趣和能力,教学应以学生为中心,鼓励"从做中学"。
③引发进步主义教育运动。

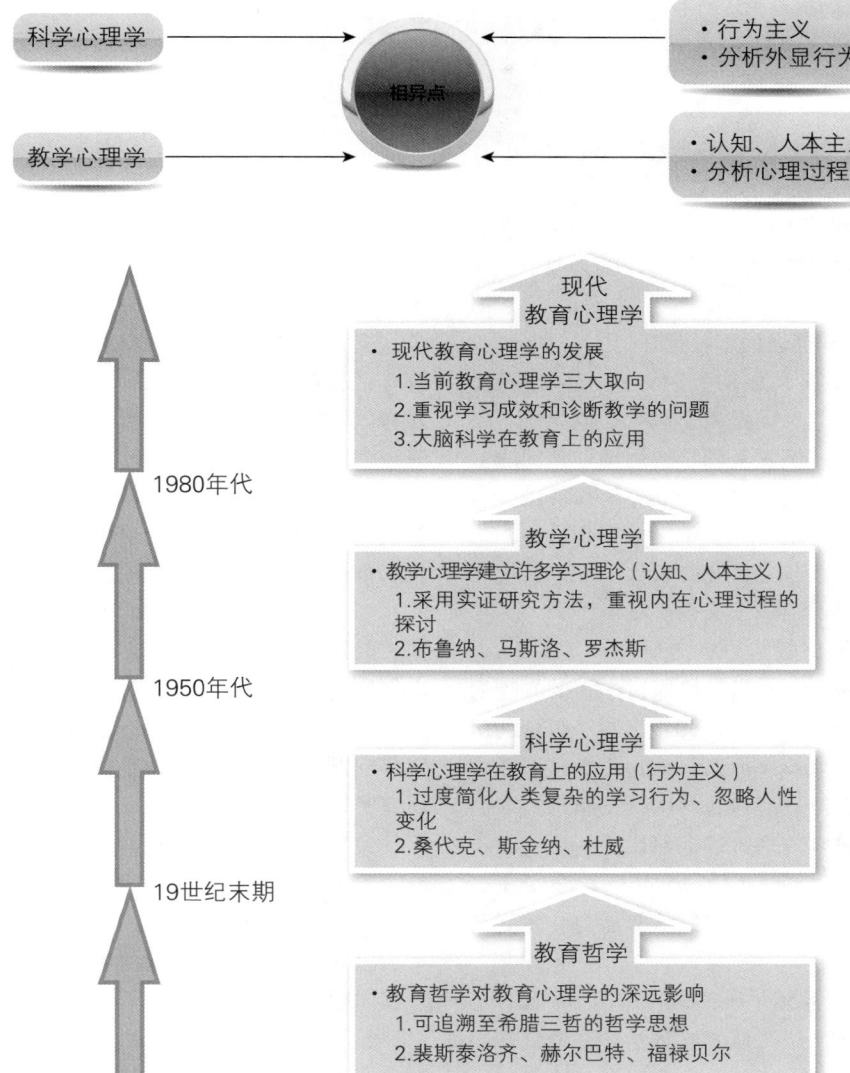

近代教育心理学发展概况

1-3 近代教育心理学的发展（二）

（三）教学心理学阶段（1960—1980）

1.教育工艺学的兴起

通过视听教具、教学机、编序教学、电脑辅助教学的设计与使用，以实现个别化教学。

2.美国和苏联的军备竞赛

1958年苏联成功发射人造卫星斯普特尼克号，激起美国提出《国家在危机中》报告，并倡导"恢复基础学科运动"（back to basics），在于加强中小学读、写、算的知识教学。

3.认知主义心理学的兴起

（1）布鲁纳（J. S. Bruner）

1956年出版《思维之研究》（A Study of Thinking），主张直接探讨学生的心理而不再依赖动物实验；1960年出版《教育的历程》（The Process of Education），主张教学时的教材教法只有符合学生认知结构，才会有良好的教学效果；1966年出版《迈向教学的理论》（Toward a Theory of Instruction），主张教学必先了解学生的认知能力，才能产生有效的学习。

（2）奈瑟尔（U. Neisser，1928—2012）

1967年出版《认知心理学》，使认知心理学成为显学。

4.人本主义心理学的兴起

罗杰斯（C. R. Rogers，1902—1987）和马斯洛（A. H. Maslow，1908—1970）等人强调，人拥有自由意志去选择和决定自己的行为，但同时也需要对自己的选择和行为负责任，因此，学生应被视为学习的主体，学习只能靠内发而不是外塑。

（四）现代教育心理学阶段（1980年至今）

当前教育心理学理论三大取向确立：行为主义、认知主义和人本主义取向。如何结合这三大取向的观点去解释"人为何接受教育""教育的内容是什么""如何接受教育才有效"等问题，成为教育心理学重要的研究课题。

学习理论的研究范畴，从外显行为延伸到内在的知觉、记忆、思考、创造力、动机、情绪层面，重视全人化的教育。

一方面关注学科和教学情境的研究取向，鼓励教师从事行动研究；另一方面重视以研究为基础的有效教学策略，强调增进师生互动、提升学习成效、诊断教学和补救教学等问题的重要性，目的是促使实证和理论研究密切结合。

致力于探讨个体间和个体内的个别差异，希望消除学习落差，达到"带好每一位学生"的教育目标。

以学习者为中心，探讨科技辅助学习、多媒体融入学习设计及其学习成效的评估。

21世纪是一个信息化、科技化、多元化、全球化及终身学习的时代，教育领域增加了许多新兴议题，例如，近年来开始探究大脑科学在教育上的应用，通过对大脑各种学习机制的了解，以科学实证来协助有效提升学习和教学效果。

+ 知识补充站

裴斯泰洛齐的直观教学法

裴斯泰洛齐出生于瑞士苏黎世的一个医生家庭,1774年起他召集一些穷苦无依的孤儿和流浪儿童,在自家住宅兴办了一所贫童学校。这所学校的办学与一般的孤儿院不同,因为它重视教学功能,并主张一切教育活动以爱为起点。他重视感官教学,主张直观教学有三项要素:语、形、数,"读"的基础在"语","写"的基础在"形","算"的基础在"数"。因此,人类的知识是依照"语"→"形"→"数"的次序所构成的。

赫尔巴特的四段教学法

1. 清晰:教学内容要让学生清楚明白。
2. 联合:新观念(或教材)要与旧观念(或教材)互相联结。
3. 系统:无论是新观念或经验,都要帮助学生重新组织,以形成新的体系观念。
4. 方法:帮助学生学到新观念或经验的能力。

齐勒(T. Ziller)与莱恩(W. Rein)修订成为五段教学法

1. 预备:先使学生回忆旧经验,引起动机。
2. 提示:提示新教材。
3. 比较:与学生旧经验相比较,分析异同点。
4. 总结:获得有系统的观念和学习结果,达到建立原则的目标。
5. 应用:将所得的结果作为解释及吸收新观念的基础,并能应用学到的新原则去解释事实或解决问题。

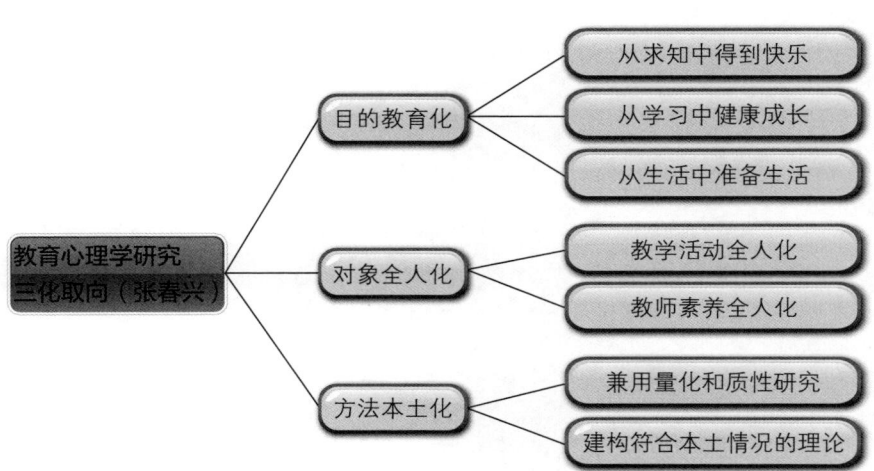

第二章

身体发展与教育

章节体系架构

2-1　身体发展的意义与内涵（一）

2-2　身体发展的意义与内涵（二）

2-3　身体发展与教育

2-1 身体发展的意义与内涵（一）

一、身体发展的意义
是指个体在生存期间，随着年龄和经验的增加，在身心两方面产生变化的历程。

二、身体发展的分期与特征
产前期：从受精到出生的时期。

新生儿期：胎儿出生后到1个月。新生儿的行为大多是反射性的，例如，眼睛遇到光线会自动收缩瞳孔，东西放在手中会自动抓握。这个时期之末，新生儿已开始能记忆几分钟前所发生的事情。

婴儿期：1个月到2岁。此时期主要发展的是感觉动作协调及社会依恋能力。

幼儿期：2~6岁。此时期的发展重点是，从一个自我中心的幼儿转变成一个准备入学学习读、写、算，且行为能切合实际的儿童。

学龄（儿童）期：6~12岁，进入小学就读的时期。此时期儿童的认知能力会得到显著的发展，他们能学会分类，能同时考虑情境中的其他部分，能做简单的抽象思考。

青少年（青春）期：12~18岁，进入中学就读的时期。此时进入了青春期，性器官开始成熟，重视同伴社交活动，能做复杂的抽象思考。

三、身体发展的原则
连续性：强调身体发展是一种循序渐进的过程。

阶段性：每一个阶段都有不同的发展任务。例如：婴儿期发展基本动作，幼儿期养成基本的生活习惯，儿童期发展强健的身体，青少年期施以适当的性教育。

不平衡性：身体发展的速率呈现不一致模式，而非匀速上升，例如：幼儿期是加速发展，儿童期是平衡发展，青春期加速发展，成年期是平衡发展。

相似性：由上而下，由头部发展到足部。由中心到边缘，由躯干发展到四肢。由笼统→分化→统整，例如婴儿抓握能力的发展，是先有手臂和手掌的笼统活动（全身大肌肉的发展），到逐渐会利用手指间的联系做出捏的动作（局部小肌肉的发展），再到最后的手眼协调的能力。

个别差异性：身体的发展速率会受到遗传和环境等因素影响而出现快慢差异。

四、个体的身心发展是连续性还是阶段性的？
"机械论"者认为个体身心发展是由简而繁的连续性过程，随年龄增长而产生数量性的改变，例如：说话的语汇数量变多；"有机体论"者认为个体身心发展呈阶段性，产生量的增加和质的改变，例如：从爬行到学会走路；"折中论"者认为个体身心发展在连续中呈现阶段性，不同阶段的改变受到遗传和环境的交互作用影响。

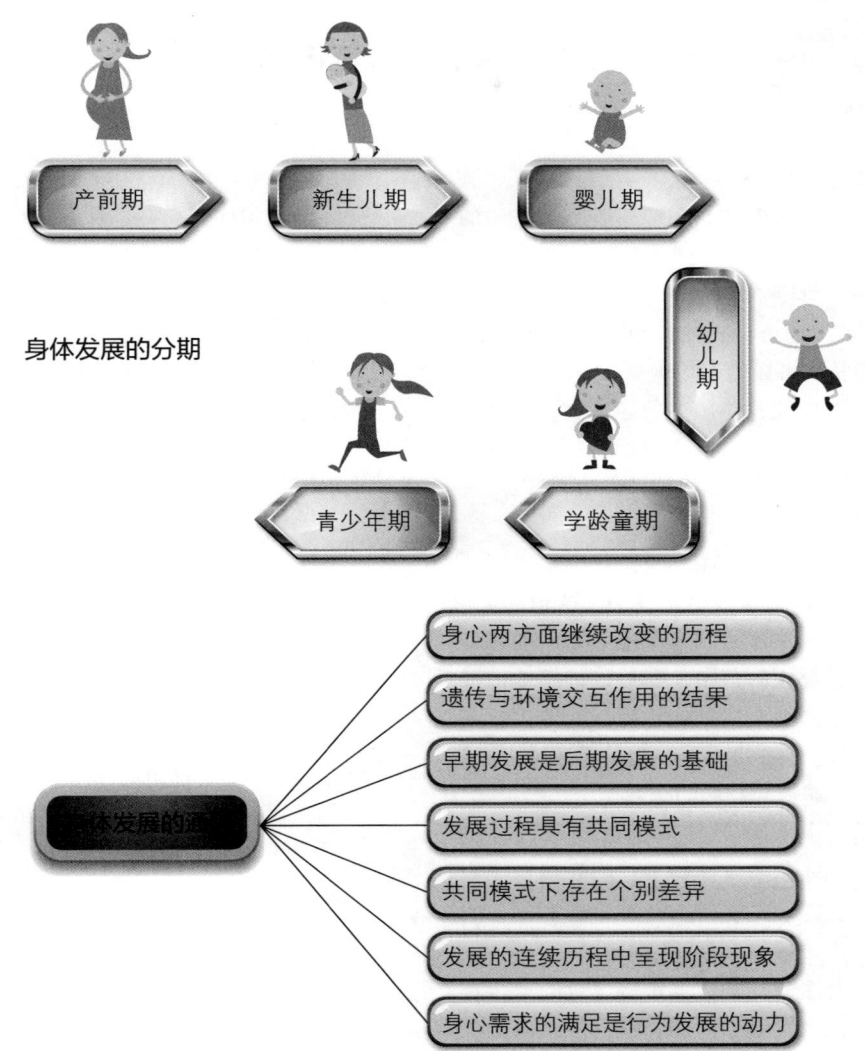

知识补充站

垂体

垂体又称人体的内分泌腺之母，会分泌生长激素，能促进骨骼、结缔组织和内脏的生长，使肌肉发达，分泌过少会导致侏儒症，分泌过多会造成巨人症。

2-2　身体发展的意义与内涵（二）

五、身体发展的条件

人的成长是遗传与环境不断交互作用的结果。

（一）遗传

个体受精后，通过遗传基因，父母的生理和心理特质可以传递给子女。

19世纪中期，英国生物学家达尔文（C. R. Darwin, 1809—1882）提出"物竞天择，适者生存"的理论，指出遗传的重要性。

（二）环境

包括产前环境及后天的生长环境。

美国心理学家华生（J. B. Watson, 1878—1958）主张"教育万能说"。他说："给我一打健康的孩子，我可以训练他们成为医生或律师这类专家，也可以让他们成为乞丐或盗贼。"由此可见环境的重要性。

（三）遗传与环境的交互作用

遗传对特殊身心特质的影响较大，例如：天赋、才艺及身体构造；而环境对个人的语言、兴趣、社会行为及抽象思考能力的影响较大。

个体自生命开始，就带着父母的遗传在环境中生长、发展；同样，任何成长中的个体，也必须有适当的环境支持。

六、身体发展的影响因素

人必须学习才会成熟，但人的学习又往往需要依赖其身体发展的成熟程度而进行。

（一）成熟

个体内在成熟因素的发展，例如：坐、爬、站、走等基本动作技巧。

例如：双脚成熟才能站立，这时期是成熟的重要性大于学习。

（二）学习

学习是指个体因经验而使行为产生持久性的改变，而环境提供适当的外在刺激可以增加学习的机会。

例如：儿童的说话器官成熟后，语言发展的重要性是学习大于成熟。

（三）成熟与学习的交互作用

儿童发展无法"拔苗助长"，必须等待心理和生理机能成熟后才可以学习，学习后又能促进心理和生理机能的成熟。例如：学习写字，必须先等手掌骨骼发育成熟后再练习，字才能写得好，也不会妨碍手掌骨骼的发展；而经常练习，又有益于手掌骨骼发育得更加茁壮。

个体越年幼，行为（例如：坐、爬、站、走）受成熟因素的影响越大；个体越年长，行为（例如：说话、写字）受学习因素的影响越大。

七、身体发展的重要理论

印刻：劳伦兹（K. Lorenz）的实验发现，小鸭出生后12~17小时会产生跟随母亲的行为方式，过了时机就不容易出现印刻现象，这说明了关键期的重要性。

进化论：即达尔文提出"物竞天择，适者生存"的理论。

园丁论：即自然预备状态说，主张教学要考量儿童身心发展的成熟。

陶工论：即加速预备状态说，主张教学不应该被动地等待儿童身心发展的成熟，应主动提供有利于学习的条件。

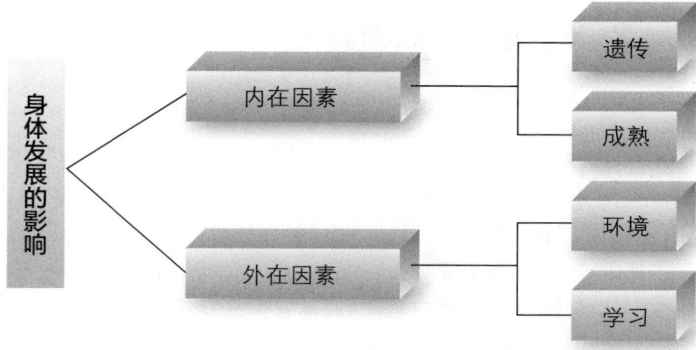

拔苗助长
注释：用来比喻人急于得到功效，而方法不得当，反而坏事，与"欲速不达"同义。
例句：读书需要按照步骤，如果只贪求功效，不过是拔苗助长而已。

+ 知识补充站

印刻现象

劳伦兹借由印刻现象提出个体成长有关键期的观念，说明遗传的影响力。但印刻也可视为环境的产物，如果环境中没有可跟随的物体，小鸭就不会产生跟随的行为，一旦开始跟随母亲，也会偏好跟随看起来和母亲相似的物体，同时也说明学习的影响力。

拔苗助长

大卫·艾尔金德（David Elkind）出版《萧瑟的童颜：拔苗助长的危机》（*The Hurried Child: Growing Up Too Fast Too Soon*）一书，强调儿童身心和智力的发展皆有固定的顺序和节奏，无法被强迫加速，希望打破"别让孩子输在起跑线上"的迷思，鼓励父母要了解和尊重儿童的特殊需要，提早学习只会扼杀他们对知识学习的好奇心。

2-3 身体发展与教育

一、婴儿期（0~2岁）的身体发展与教养

有健康的父母才有健康的婴儿：孕妇应定期接受产前健康检查；父母在生活上不应有不良习惯。例如：吸烟会危害胎儿发育，烟中的尼古丁和一氧化碳会导致胎儿发育不良、胎死腹中或产后死亡；孕妇饮酒会导致胎儿罹患胎儿酒精综合征，大脑功能受到伤害。

新生儿的听觉、味觉和嗅觉的发展相当完备，只有视觉敏感度较差。新生儿的动作表现大多是反射动作，目的在于自我保护、摄食与保持身体平衡。例如：莫罗反射（Moro reflex）指新生儿遇到突然响声时，会表现出两手抖动及呼吸急迫的行为。

婴儿独立行走前的动作发展阶段：扶持坐立（3个月）→独自坐立（6个月）→爬行（8个月）→扶物站立（10个月）→扶持行走或爬楼梯（11个月）→单独站立（12个月）→独自行走（12个月）→上楼梯（17个月）。

二、学前期（2~6岁）的身体发展与教学

大肌肉的动作技能发展：走路→跑步→跳跃→投掷→单脚着地并保持平衡。小肌肉的动作技能发展：系鞋带→循线画圈→使用餐具→扣解衣服纽扣→照图描绘→用剪刀剪纸。

注重学前儿童的营养与健康，减少饮食中的脂肪和盐、糖，避免幼年肥胖症，运动量要充足，少看电视。

既要遵守动作技能发展的过程，也要重视儿童兴趣，切勿拔苗助长。

三、学龄期（6~12岁）的身体发展与教学

能自由支配自己的身体，跑步、跳跃和投掷等都能维持身体平衡；能学习学校设置的体操、球类、舞蹈和游泳等项目；手眼协调良好，能从事弹琴、写字和绘图等活动。

家长和学校营养午餐要注意营养均衡，鼓励儿童多运动。学龄儿童经常看漫画、打电子游戏和看电视可能会造成近视，要注意儿童用眼的距离，避免儿童长期疲劳用眼。另外，也要提醒学龄儿童做好牙齿保健。

为儿童提供适当的生理知识，帮助儿童建立正向的自我价值观，发展同伴友谊。

四、青少年期（青春期）的身体发展与教学

女生在9~11岁开始进入发育年龄，男生在11~16岁开始；女生在10~11岁开始有月经，男生在12~15岁开始有梦遗；女生会出现乳房隆起，男生会开始长胡须。

身体早熟或月经早临的女生，容易受到同学揶揄而产生焦虑和抑郁症状；身体晚熟或身材弱小的男生，容易产生自卑和依赖心理。这个阶段的青少年容易因身心失衡而导致情绪困扰，家长须妥善引导。

须施以良好的性教育，即性教育=性生理知识+性行为知识+性态度知识=健全的人格教育。

身体发展的阶段任务

婴儿期
①学习了解语言
②学吃固体食物
③发展基本动作
④完成生理机能
⑤发展社会依恋

学前期
①基本动作及技能养成
②学习获得各种概念
③养成基本的生活习惯
④认识身体部位及功能
⑤与亲人同伴建立关系

学龄期
①均衡与营养的饮食
②强健的身体与发育
③充足的睡眠与作息
④视力的保健
⑤意外伤害的避免

青少年期
①学业成就与升学
②统合的自我认同
③良好的人际关系
④性角色与人格培养
⑤身心健全的发育

厌食症

暴食症

✚ 知识补充站

青春期的烦恼

　　青春期的青少年十分注重自己的外表，他们相信外表是展现异性吸引力的关键。但有些人会过度崇尚苗条的身材而焦虑到无法正常进食，进而影响身体发展。

　　1.神经性厌食症：是一种进食障碍类的精神疾病，平均发病年龄为17岁。患者担心发胖而通过禁食、催吐、服用泻药、过量运动来减轻体重，甚至在明显消瘦后仍认为自己太胖。

　　2.神经性贪食症：患者持续性地快速过度进食，且无法自我控制，接着心理产生罪恶感而去催吐，以暂时缓解焦虑感。

下丘脑、垂体和性腺

　　身体进入青春期后会快速成长并具有生育能力，身体趋于成熟主要是受到下丘脑、垂体和性腺的影响。下丘脑具有调节体温、情绪、水平衡、性欲、消化和循环的作用。垂体会分泌生长激素、性腺激素和泌乳激素。性腺会促使睾丸分泌睾酮，卵巢分泌雌激素。

第三章

认知发展与教育

章节体系架构

3-1　认知发展的基本概念

3-2　皮亚杰的认知发展理论（一）

3-3　皮亚杰的认知发展理论（二）

3-4　皮亚杰的认知发展理论（三）

3-5　维果茨基的认知发展理论

3-6　布鲁纳的认知发展理论

3-1 认知发展的基本概念

一、什么是认知

认知（cognition）是指人类如何获取知识的历程，即人类如何从简单的思想活动，逐渐复杂再到分化的过程。

认知是人们对事物知晓的历程，也就是"知的历程"，包含对事物的注意、分辨、理解、思考等复杂的心理活动。例如：解答一道数学应用题时，由阅读文句到理解题意，找出已知条件到实际运算，再到核对结果的一连串思考活动。

二、什么是认知发展

认知发展是指个体出生后，在适应环境的过程中，要认识各种事物并解决问题情境，其思考方式和能力表现会随着年龄增加而逐渐改变的历程。

三、图式——认知的基本结构

图式（schema）是人类吸收知识的基本架构。幼儿刚接触新环境时所发展的初期认识外在环境的基本模式，被称为图式。例如："感觉图式"就是通过触碰而得知火是热的，其他还有"抓取图式""吸吮图式"等。

四、认知发展的影响因素

（一）同化

同化（assimilation）是指幼儿碰到一个新的事物时，会用自己既有的认知结构去认识这个事物，这是一种知识的类推运用。例如：幼儿看到小花猫，会学到猫的图式，日后看到波斯猫也会称它为猫。

（二）调适

调适（accommodation）是指当新事物与幼儿原有的认知结构不兼容时，幼儿必须改变原有的认知结构来适应或学习外在环境事物。例如：原本幼儿可以用单手拿取乒乓球，当他发现拿的是一颗篮球时，他便会改用双手拿取这颗篮球。

（三）组织

组织（organization）是个体生存的基本能力，个体会运用多种感觉和动作来达到某种目的。例如：在幼儿附近放一个会发出声响的玩具，他便会运用听觉和视觉去找到玩具放在哪里，然后运用触觉和抓取动作来取得玩具。

（四）适应

适应（adaptation）是指同化与调适取得平衡的历程。人类认知的发展，就是图式、适应与平衡三个因素交互作用的历程。个体在适应环境时，图式会连续不断地交替出现失衡和平衡的状态，每经历一次失衡再平衡的状态，图式就会改变并吸纳更多知识经验，于是个体的思考能力和智力便会迅速提升。

（五）平衡与失衡

个体遇到新环境时，心理状态可能处于图式失衡的情形，这时个体会运用图式来认识新环境（组织），或通过同化或调适来适应新环境（适应），在不断地失衡又平衡的经验下，图式会产生改变，认知发展也会更上一层楼。

图式的特征

- 吸收知识的基本架构
- 认识世界事物的工具
- 可分成动作式和认知（心智）式
- 会随经验而成长

图式的同化

图式的调适

图式改变与认知发展的历程

3-2 皮亚杰的认知发展理论（一）

一、重要观点

瑞士学者皮亚杰（Piaget，1896—1980）强调内在的认知过程，主张儿童是积极主动适应环境的个体。

二、四个发展阶段

皮亚杰认为儿童的认知发展可分成四个阶段，各个阶段出现的前后顺序是不变的，不同阶段的个体会出现不同的特征。

（一）感知运动阶段（0~2岁）

1.会出现反射动作。
2.靠吸吮与抓取来探索世界。
3.具有"客体永久性"概念：
①虽然看不见，但不表示不存在，因为有"心象"存在。
②当着婴幼儿的面将物体藏起来，他知道这个物体仍然存在。例如：皮球在他的眼前滚到床底下消失了，他会主动去寻找。

（二）前运算阶段（2~7岁）

1.已开始会思考：但经常不合逻辑或不完整。
2.会出现自我中心现象：只想到自己，不考虑他人的不同看法（无法设身处地）。皮亚杰在"三山实验"中，发现儿童以为对面的洋娃娃和他看到的东西是一样的："前面是一座高山，后面有两座小山"，儿童没有考虑到从洋娃娃的立场来看待问题。
3.会出现知觉集中（于单一角度）现象：思考时一次只能集中于一种属性，例如只看到物体的颜色、形状或大小，而忽略其他特征。例如，让儿童看两个同样大小的宽口杯盛同样高度的水，然后将一个宽口杯的水倒进另一个窄口杯，结果会看到窄口杯中的水高度上升，这时问儿童："哪一个杯中的水比较多？"处于前运算阶段的儿童会回答："窄口杯。"这个现象表示这个阶段的儿童只注意到杯中水的高度，没有注意到杯子的宽窄。
4.不可逆性：只会顺向思考，不能逆向思考，无法做"原因—结果"的推理。例如：儿童知道8+6=14，但不能推知14-8=6；或例如询问小明："你有没有哥哥？"他回答："有。"那么再接着问："你的哥哥有弟弟吗？"他会回答："没有。"
5.无法注意到物体的转换过程，例如：将等量的两团黏土中的一团改变形状，幼儿只注意到头与尾的转变，于是便认为这两团黏土已不相等。

（三）具体运算阶段（7~11岁）

1.儿童已能使用具体的、熟悉的经验或事物来进行思考（眼见为真）。
2.去知觉集中现象：已学会多重思考，思考时能同时考虑事物的不同属性。
3.去自我中心现象。
4.去不可逆性现象。
5.具有加法性及减法性的概念。
6.具有对称及不对称的概念。
7.具有守恒概念（conservation）。
8.具有序列化思考能力：能按照物体某种具体的属性（例如：长短、大小、粗细）对其排序和分类。

+ 知识补充站

守恒概念

儿童在面对物体的转换过程时（例如：物体形状、位置、方向改变时），能了解该物体的若干特性（例如：大小、长度、数量等）仍维持不变。例如：教导儿童A>B>C，儿童可以推理C<A。

守恒概念的类别与发展顺序

顺序	类别	意义	发展年龄
一	数量守恒	儿童对数量的多少，不受空间距离或排列方式的改变而增减的认知能力。	7岁
二	质量守恒	儿童对物质的量，不受容器形状的变换而增减的认知能力。	7~8岁
三	长度守恒	儿童对物体的长度，无论其位置如何改变，其长度恒常不变的认知能力。	8岁
四	重量守恒	儿童对物体的重量，不会因物体外形改变而增减的认知能力。	9~10岁
五	序列守恒	儿童会将物体按大小、长短或轻重的不同，依序排列的认知能力。	10岁以上

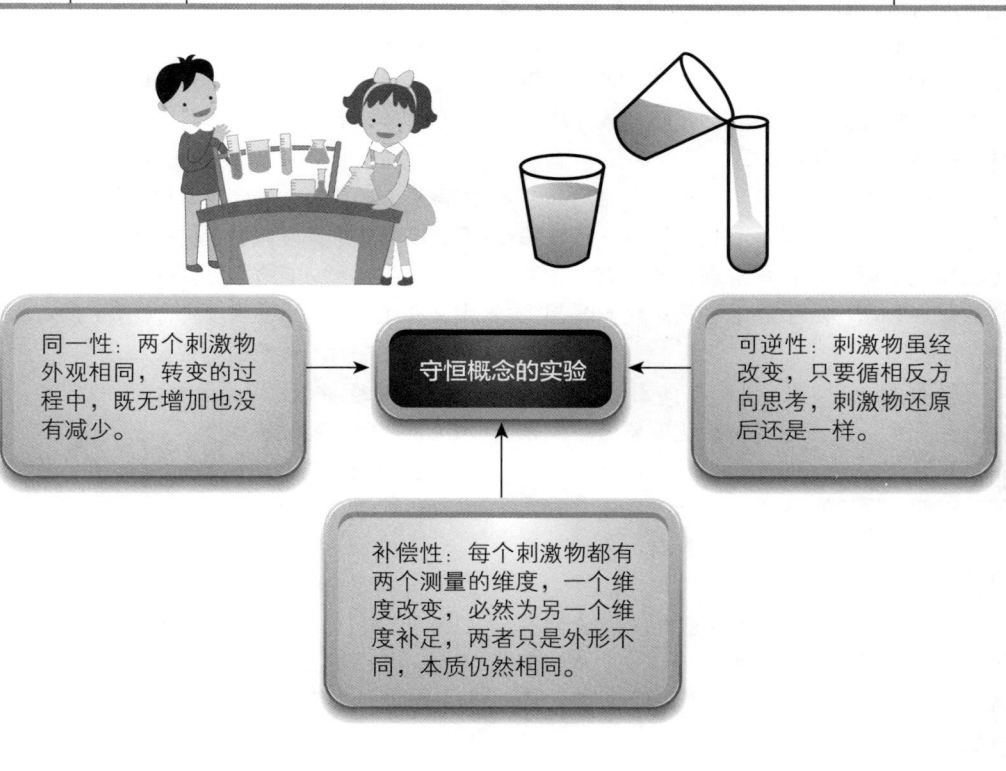

同一性：两个刺激物外观相同，转变的过程中，既无增加也没有减少。

守恒概念的实验

可逆性：刺激物虽经改变，只要循相反方向思考，刺激物还原后还是一样。

补偿性：每个刺激物都有两个测量的维度，一个维度改变，必然为另一个维度补足，两者只是外形不同，本质仍然相同。

3-3 皮亚杰的认知发展理论（二）

（四）形式运算阶段（大约11岁以上）

已能运用符号进行抽象的、复杂的、假设性的思考，并能进行逻辑推理来解决问题。

具有"类包含"（主类里面含有次类）思考能力：能按照物体某种复杂或抽象的属性加以排序和分类。例如：处于具体运算阶段的儿童可以轻易地回答出："红花多还是白花多？"但只有进入形式运算阶段的儿童才会正确回答出："红花多还是花多？"

具有假设演绎推理能力：例如儿童知道A>B，且B>C，推理而知A>C；甲比乙白，甲比丙黑，推理而知乙最黑；儿童会推知影响钟摆频率的因素是钟摆臂的长短。

具有命题推理能力：儿童可以做出超越现实、幻想式的思考，或只要提供一个说明（或命题）就可以自行推理思考。例如：儿童可以回答出"如果我是一只小鸟，我想怎样生活？"

具有组合推理能力：在面对复杂问题时，儿童会运用多元、系统化的思考方式来解决问题。

三、皮亚杰理论的贡献

（一）确认儿童的心智具有内发性和主动性

遗传论者主张儿童心智成长由遗传因子决定，经验论者主张由后天环境塑造，但皮亚杰认为儿童自小就能主动求知并探索环境。

皮亚杰肯定教育的功能，认为只要适时施教，就能带来效果。

（二）确认儿童的认知发展具有阶段性和普遍性

前后阶段的区分是根据认知方式的差异，而不只是根据年龄。每爬升一个阶段，代表的不只是知识上量的增加，还表示思考方式上质的改变。

各阶段的前后顺序是固定的、渐进的。

（三）确认儿童认知发展阶段成长速度不一

个体的认知方式和成熟程度不一。皮亚杰认为处于同一个认知发展阶段的儿童，在年龄上会有差距（例如：具体运算阶段跨7~11岁），因此，应采取有教无类和因材施教的教育方法，把同年龄儿童编班在同年级的做法应予检讨（同年龄≠同年级）。

四、皮亚杰理论在教学上的参考价值

了解儿童才能教育儿童：受到杜威进步主义儿童中心思想的影响，认为要教儿童知识，就要配合不同阶段的发展特征。

教材编排要适当：设计课程的难度，必须配合儿童心智发展程度。

班级教学有缺失：应针对个别差异实施个别化教学和补救教学。

不应只看问题的对错：儿童答错问题时，可能不是由于他的思考有错误，而是其思考能力不足或思考方式和成人不同所致，因此，教学要了解儿童思考问题的过程，而不是一味地追求标准答案。

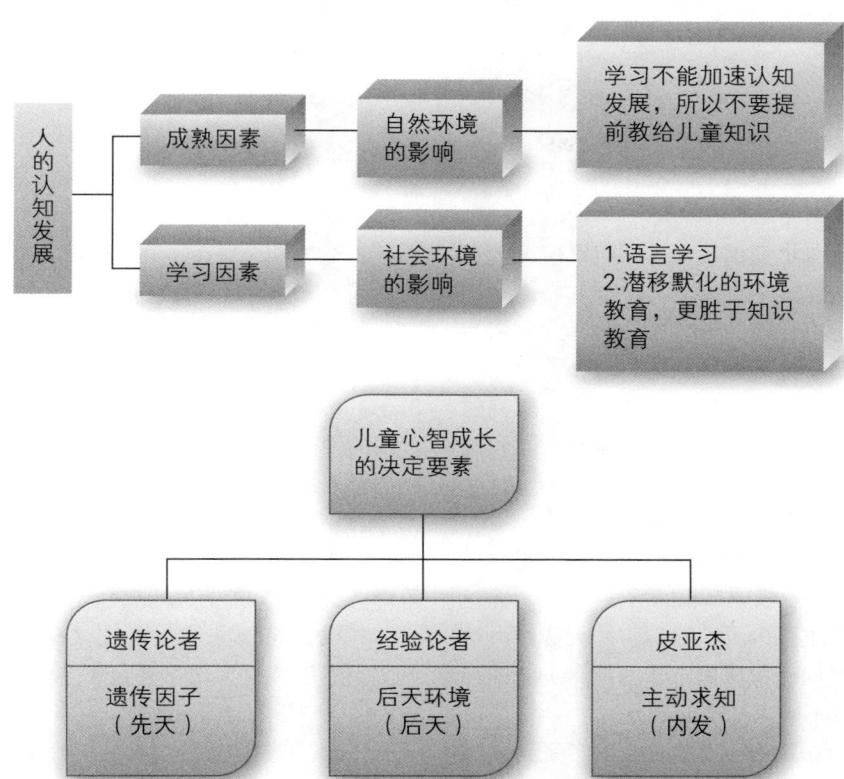

皮亚杰用来测试儿童守恒能力的三种实验

1.液体体积的守恒概念

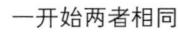

一开始两者相同　　　状态改变后　　　守恒概念问题：这两杯水一样多吗？还是有一杯水比较多呢？

2.数量的守恒概念

一开始两者相同　　　状态改变后　　　守恒概念问题：这两排的筹码数量一样多吗？还是其中一排比较多呢？

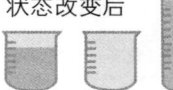

3.质量的守恒概念

一开始两者相同　　　状态改变后　　　守恒概念问题：这两团黏土一样多吗？还是有一团比较多？

3-4 皮亚杰的认知发展理论（三）

五、对皮亚杰理论的批评

（一）只重知识认知（知识建构），忽略"社会"行为（社会建构）

带有生物化的倾向，无法解释儿童认知存在个别差异的现象。

皮亚杰的理论又称发生认识论，研究的是对环境事物的求知历程，忽略对人际和道德规范的认识。

未深入探究儿童社会行为发展。

（二）认知发展阶段说容易有限制，每个儿童的成长阶段应不相同

皮亚杰主张未成熟的动物是无法经由学习加速发展的（发展先于学习论点），但人与动物毕竟不同。

人类的幼儿期比动物长，除了受到成熟因素影响外，学习因素是可以加速认知发展的，例如：语言就是学习而来的。

（三）各年龄组实际发展水平与理论不符合

研究样本太少。皮亚杰低估了儿童的认知思考能力，高估了青少年的认知思考能力。

皮亚杰的研究来自实验情境，没有考虑到儿童的生活经验（缺乏生活化）。另外，儿童对于环境变化或问题解决方法未必不知，只是受到语言的限制。例如，皮亚杰的"三山实验"情境，验证了儿童在前运算阶段不具有设身处地的思考能力，但如果把实验情境置换成儿童熟悉的警察捉小偷的游戏方式，事实证明儿童不用等到7岁就会有设身处地思考的能力。

（四）能力不等同于表现

皮亚杰的实验缺乏使用精密仪器进行的精确测量，研究报告仅来自儿童的"口语表现"，不足以反映儿童真正的认知能力，这一点成为后来元认知研究的焦点。

六、新皮亚杰学派

后来兴起的新皮亚杰学派（Neo-Piagetian）仍同意皮亚杰对发展阶段与年龄范围的划分方式，但是对皮亚杰的理论作了以下修正：

首先，强调人类高层次的认知能力与动物的基本认知能力不同，并阐明语言、符号等对高层次认知能力的重要性。

其次，正视儿童生活在文化社会中的事实，并以社会文化的观点来诠释儿童的发展，倡导"学习先于发展"。

最后，应用于教学上，教师被视为主动促进儿童认知发展的角色，不再是被动等待的角色。教师教学时应经常与学生对话，以深入了解学生的生活经验及所处的社会文化脉络，并妥善加以运用。另外，也要鼓励学生与同伴互动，借由教师或同伴的帮助来激发学生潜能，培养其思考和解决问题的能力。

皮亚杰的三山实验情境

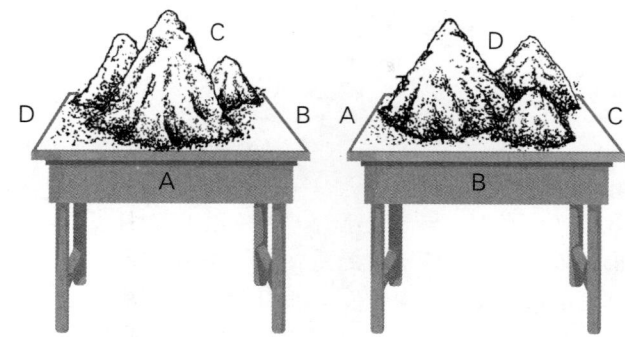

3岁的小明坐在位置A

洋娃娃放在位置C

实验者问：你看到的三座山是什么样子的？

小明回答：前面是一座高山，后面有两座小山。

实验者问：洋娃娃看到的三座山是什么样子的？

小明回答：前面是一座高山，后面有两座小山。

实验证明：小明在前运算阶段，只会从自己的角度来看这三座山的关系（高低、大小和位置），不会从对面洋娃娃的角度来思考问题，带有自我中心倾向。

警察捉小偷的实验情境

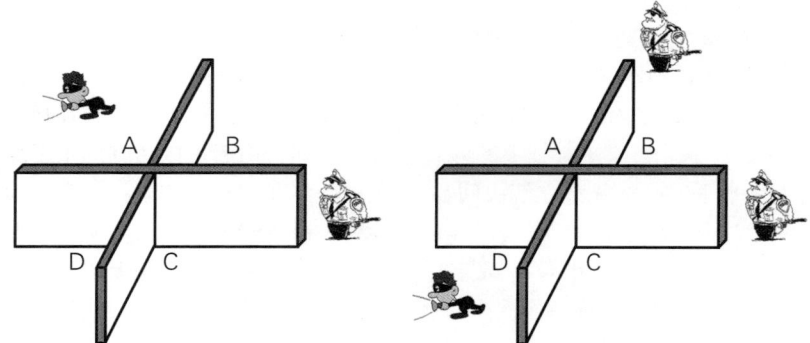

实验者问：从第一张图，你觉得小偷要躲在哪里，才不会被警察发现？

小明回答：A和D的位置。

实验者问：从第二张图，你觉得小偷要躲在哪里，才不会被警察发现？

小明回答：D的位置。

实验证明：小明在前运算阶段，当实验情境是儿童熟悉的游戏方式时，就表现出了设身处地的思考能力。

3-5 维果茨基的认知发展理论

一、重要观点

维果茨基（Vygotsky，1896—1934）认为儿童的认知是在社会文化当中（与他人互动分享）学习获得的；以"社会—环境—文化"的观点来解释儿童的认知发展过程；强调教育过程中，成人引导与同伴合作关系的重要性，这是一种双向的互动关系，也与社会文化环境密切相关。

二、理论重点

（一）语言沟通

语言既是社会互动与人际沟通的重要工具，也是思考的工具。

"自我语言"（类似喃喃自语或独白）可以调和思考与行为，可促进儿童的认知发展。

婴幼儿时期的语言发展（从部分到整体）和思考发展（从整体到部分）是分开的，通过自我中心语言的调和，会使得两者合一，进而促进儿童认知发展。

（二）最近发展区（Zone of Proximal Development，ZPD）

实际的发展水平：个体能独立解决问题的层次。

潜在的发展水平：在成人引导下或与能力较佳的同伴合作，所展现的能力层次。

最近发展区：是指"实际的发展水平"与"潜在的发展水平"之间的差距。

（三）脚手架

儿童的学习就像建筑物，社会环境需要提供必要的脚手架（scaffolding）或支援系统。例如：温暖与回应、合作氛围等。

（四）教育上的应用

重视儿童的潜力，认为教学的最佳效果产生在最近发展区。

不要只是配合学生的能力施教，而是要让学生在超越已知的基础下求知，所以，提供给学生的教材难度应稍高于学生实际表现的程度，或安排和程度较高的学生一起学习，有益于学习进步。

适时辅导学生是教学的不二法门。不要把学生遗留在最近发展区，而是针对学生的学习困难，提供必要的协助（给予脚手架），等到学生能力逐渐提升时，再逐渐减少协助（撤除脚手架）。

东京大学佐藤学教授提倡"学习共同体"，这引起了东亚各国的重视及参与推行。他的重要主张之一是导入"伸展跳跃"的学习，这是以维果茨基的最近发展区理论作为基础的。他认为学生的学习目标不能只设定在自己可以达到的水平，那会导致个人完全没有成长，而是要设定在通过他人提供脚手架和协助后可以达到的水平，这个过程代表同伴互相对话和学习，学生通过观察、聆听、讨论和模仿，吸收同伴的想法成为自己的想法，最后就能踩上踏板，往上跳跃。所以，教师要让学生挑战比教科书内容更高层次的学习，要引导学生在未知世界中做更高远的冒险，而不是在已知的世界里做重复的练习。

皮亚杰与维果茨基理论的比较

心理学家	意义	影响要素
皮亚杰	认知发展是儿童独自探索和建构知识的过程	平衡 + 失衡成熟（发展先学习）
维果茨基	认知发展是儿童与社会互动、共同建构知识的过程	社会文化互动

婴幼儿自我中心语言的功能

婴幼儿 —— 语言发展(部分→整体) / 思考发展(整体→部分) → 自我中心语言 → 调和 → 促进认知发展

寻找最近发展区

我学会乘除法了！

可能发展水平

我只会加减法，不会乘除法。

实际发展水平

ZPD=成人或同伴协助

➕ 知识补充站

最近发展区在教学上的应用

在一个一年级的班上，老师教学生解答一道数学题："买一支笔要7元，一个橡皮擦要8元，合起来要多少钱？"老师发现小新无法成功解题，因为他会把问题中的两个数量都逐一用手指来点数，如果问题中的两个数量合起来超过10的话，他就无法解题。请问如何应用最近发展区来解决这个教学困境？

解答：方法一，请小新口中念8，再配合七根手指点数9、10、11、12、13、14、15。方法二，如果小新懂得10的分解和组合，就可以配合手指点数，教小新把问题拆解成8+2（由7拆出2）=10，再加上剩下的5，得到结果为15。

3-6 布鲁纳的认知发展理论

一、时代背景

美国学者布鲁纳处于行为主义心理学相当盛行的时代，当时的心理学研究是在实验室中操弄小白鼠、狗、鸽子或黑猩猩等动物进行实验，再将其实验结果推论或用来解释人类行为。但是在1957年苏联率先发射人造卫星后，美国中小学科学教育掀起了改革的浪潮。

布鲁纳首先走出实验室，主张要走进教室去研究儿童的思考行为和学习心理过程，以及启发儿童主动求知。

布鲁纳主张"任何科目，都能以任何真实的形式，教给任何年龄的任何儿童。"他在1960年提出"发现学习理论"，认为教师应扮演"中介"角色，引导学生主动理解和学习新知识，而非使学生被动接受知识的灌输。

二、重要观点

布鲁纳提出"认知表征论"，所谓认知表征是指人类在面对周遭新的环境事物时，会通过动作知觉或图像符号，将外在物体和事件转化为内在心理事件的过程。

他区分出三种认知表征的发展阶段：动作表征、形象表征及符号表征。这个表征系统的各阶段并没有明确的年龄划分。各阶段是依序发展且平行并存的，也就是说，后一阶段的认知模式发展出来后，前一阶段仍继续发生作用。

三、三个阶段

（一）动作表征期

6个月至2岁的婴幼儿会借由动作（手触、口尝、啃咬）来认识周遭环境并获得知识。例如：通过用手抓东西、用口咬东西，便可以知道物体的软硬和冷热的感觉。该时期相当于皮亚杰理论的感知运动阶段。

（二）形象表征期

两三岁以后，幼儿能运用视觉和听觉去了解周遭事物。例如：使用记忆中的表象、图片、照片，就可以知道西瓜大于苹果，而不需要拿实物出来做比较。该时期相当于皮亚杰理论的前运算阶段与具体运算阶段。

（三）符号表征期

儿童的思考能力已趋成熟，他们能使用文字、语言、数字、图形等符号来代表所经历的事物和环境。例如：儿童知道$X>Y$，$Y>Z$，儿童可以推知$X>Z$。该时期相当于皮亚杰理论的形式运算阶段。

四、布鲁纳理论在教学上的应用

教师应激励学生产生主动学习的动机、兴趣和好奇心。

教师教学时要清楚呈现教材内容，应依照学生认知发展阶段和顺序来呈现。

强调教材内容的结构，教师应有系统、有组织地安排教学活动，让学生达到对教材精熟学习的目标。

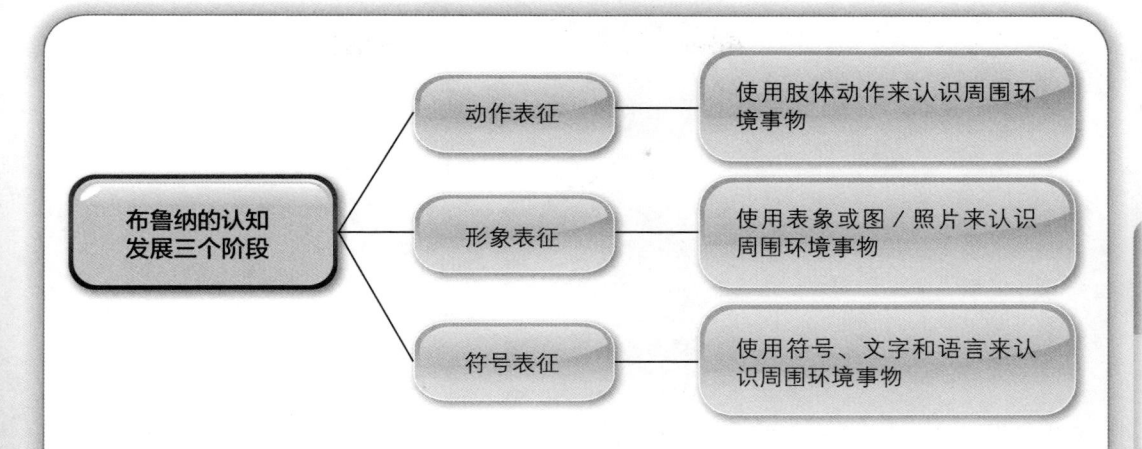

```
布鲁纳的认知        动作表征 ──── 使用肢体动作来认识周围环
发展三个阶段   ────                境事物
               ────  形象表征 ──── 使用表象或图／照片来认识
                                   周围环境事物
               ────  符号表征 ──── 使用符号、文字和语言来认
                                   识周围环境事物
```

语义推理

请你运用推理联想的能力，将前面句子里两个词的语义关系，运用到后面的句子里，使这两组句子的语义关系，能够前后呼应。

1. ____之于水果，好像母鸡之于____？
   （A）青菜；公鸡（B）香蕉；家禽（C）西瓜；鸡蛋（D）植物；动物
   ● 正确答案是（B）。

2. 水患—干旱。
   （A）台风—洪水（B）地震—海啸（C）天灾—人祸（D）晴朗—阴雨
   ● 正确答案是（D）。

布鲁纳和皮亚杰理论的比较

相同点	
1.认知发展是个体和环境交互作用的结果。 2.发展阶段有一定的顺序。 3.认知发展是量的改变，也是质的增加。	
不同点	
布鲁纳	皮亚杰
1.认知发展的各阶段是互相平行并存的（三期，没有明确的年龄划分，各阶段能力是互补的）。 2.认知发展的影响因素兼重成熟与学习（学习可以促进成熟）。 3.重视表象对认知的影响。	1.认知发展的各阶段明确划分，有上下阶层的关系（四期，有明确的年龄划分，各阶段能力是替代的）。 2.认知发展的影响因素在于成熟（成熟是循序渐进的，不可拔苗助长）。 3.忽略表象对认知的影响。

第四章

社会发展与教育

章节体系架构

4-1　社会发展的基本概念
4-2　弗洛伊德的人格发展理论（一）
4-3　弗洛伊德的人格发展理论（二）
4-4　埃里克森的心理社会发展理论（一）
4-5　埃里克森的心理社会发展理论（二）
4-6　埃里克森的心理社会发展理论（三）
4-7　皮亚杰的道德发展理论
4-8　科尔伯格的道德发展理论（一）
4-9　科尔伯格的道德发展理论（二）
4-10　社会行为发展的特征与模式（一）
4-11　社会行为发展的特征与模式（二）
4-12　社会行为发展与教育
4-13　防御机制对人格发展的影响

4-1 社会发展的基本概念

一、社会发展的意义

1. 社会发展＝人格发展＝人格成长。
2. 社会发展是指由自然人到社会人，随年龄增长而改变的历程。
3. 社会发展是指自然人经由社会化，经由与社会环境中的人、事、物互动后，认识自己、了解他人，并学会符合社会规范（如待人接物、应对进退）的态度、观念和行为。

二、社会发展的理论基础

1. 弗洛伊德的人格发展理论。
2. 埃里克森的心理社会发展理论。
3. 皮亚杰与科尔伯格的道德发展理论。

三、社会发展的教育含义

1. 学校施以社会规范教学，属于德育和群育的范畴。
2. 施教的目的在于培养学生由自知而知人，由自重而重人，由自爱而爱人。

四、社会行为发展的意义

1. 当一个人与社会环境接触时，会与他人产生互动影响，产生人际的生理或心理上的交互作用。
2. 达尔文主张"物竞天择，适者生存"，他认为人和动物天生就是合群的，"合群"是帮助个体生存的条件。

五、社会知觉的类型

社会知觉（social perception）是指我们如何看待自己及自己所处的社会环境，是建立人际关系的要素。

（一）偏见与歧视

是指对某些人或团体的刻板印象，例如：一般人会认为女生比较胆小爱哭，但这通常与事实不符。

（二）责任分散与旁观者效应

许多人在场会使每个在场者的责任感降低。例如：暗夜里有一名女子在街上遇人追杀，有一位男士打开窗户并高喊"放开她"，结果引起许多户人家也跟着开灯、开窗观看，但直到20分钟后才有人打电话通知警察来制止。探究其原因发现，这并不是由于都市人冷漠，而是因为目击的旁观者很多，人们总以为会有人打电话报警，因此造成责任分散而没有人真正伸手援救。

（三）社会懈怠

又称社会浪费、社会闲散或社会游荡。是指个人在团体中工作时，个人工作效率会随团体人数增加而下降的现象，无法发挥团体的最大潜能。简单来说，一般人会以为"人多好办事"，但结果往往是"三个和尚没水喝"，就像有人在大合唱团里，嘴巴张得很大，却没有半点声音。

（四）从众行为

是指个人在团体中受到社会规范、角色任务和道德标准的影响和压力，担心自己会与众不同，结果造成个人容易放弃自己的想法，个人行为会倾向于跟团体行为一致。

（五）观点（角色）采择

是指儿童发展出能站在他人的角度来看待事情的能力，也可以说是同理心。

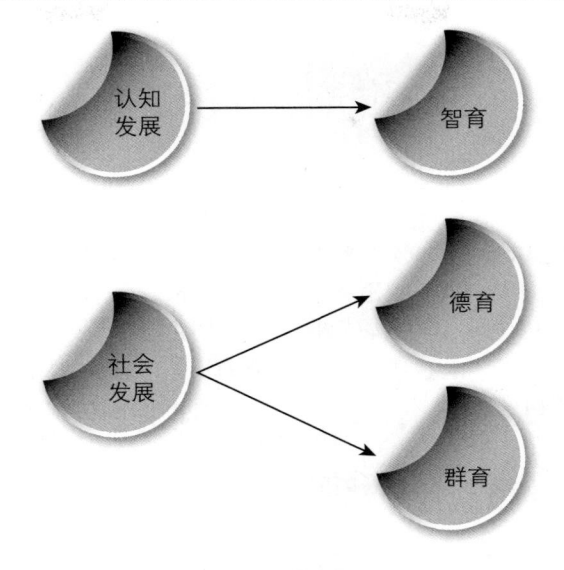

三个和尚没水喝＝社会懈怠

> ➕ **知识补充站**
>
> ### 观点采择能力在教学上的应用
>
> 　　老师找不到小明，朝着游乐场大喊："小明，你在哪里？"小明回答说："在这里！"老师又问："在哪里啊？"小明又说："在哪里，在这里啊！"这表示小明尚未具有何种观点采择能力？（A）情感性观点采择能力（B）知觉性观点采择能力（C）认知性观点采择能力（D）社会性观点采择能力
>
> 　　解答：（B）。
>
> 　　说明：
> 　　（A）情感性观点采择能力：能推测他人感觉到什么。
> 　　（B）知觉性观点采择能力：能推测他人看到什么。
> 　　（C）认知性观点采择能力：能推测他人想到什么。
> 　　（D）社会性观点采择能力：能推测他人的心理特质。

4-2 弗洛伊德的人格发展理论（一）

一、弗洛伊德的简介
弗洛伊德（Freud，1856—1939）是奥地利的精神科医师，创立了精神分析理论。该理论认为人在幼年期（6岁前）遇到的痛苦生活经验，因压抑得不到纾解，会造成长期的情绪困扰，最后变成人格异常。

二、性心理发展理论
力比多（性冲动）是促进人格发展的内在动力。

（一）人格结构的三种成分
① 本我：与生俱来的，受到性欲驱使，符合享乐原则的"我"。人天生就会满足自己的需求。

② 自我：学习而来的，受到学习引导，符合现实原则的"我"。人会在现实环境的条件限制下，满足自己的需求。

③ 超我：社会规范而来的，受到社会管制，符合道德原则的"我"。人会内化父母的告诫，做错事会有罪恶感，会自我谴责，只好在社会规范下满足自己的需求。

（二）理论的两项假设
① 人有两种基本的心理动机：性欲和攻击。

② 不被意识所接受的心理活动，会转而被压抑在潜意识中。

三、人格发展五个阶段

（一）口唇期：0~1岁（口唇满足）
婴儿活动以口唇为主，婴儿从吸乳及吮指活动中获得满足。婴儿的口唇活动如获得满足，长大后的性格会比较开放、乐观及慷慨；若受到过多限制，可能会产生悲观、依赖、被动、退缩、猜忌及仇视他人等性格。

（二）肛门期：1~3岁（自我控制）
父母开始对幼儿实施大小便习惯的训练，幼儿必须学习控制自己，因而牺牲掉部分的快乐和满足。如果大人的训练过于严格，幼儿可能就会发展出冷酷、无情、顽固及吝啬等性格；如果幼儿因训练成功得到夸奖，可能就会变成富有创造性及工作效率的性格。

（三）性器期：3~6岁（性别认同）
儿童经常喜欢以手抚摸自己的性器官来引起快感。此时男孩会爱恋母亲，女孩会爱恋父亲，同性亲子关系会因为争宠而变得紧张或敌对。儿童因害怕同性父母的报复，会转而认同同性的父母，学习他们的价值观与人格特质，并发展其适当的性别角色。

（四）潜伏期：6~11岁（同性玩伴）
儿童会开始压抑在性器期所产生的焦虑及性冲动，并将注意力转向学业及玩乐。随着儿童在学校习得更多问题解决的能力并内化社会的价值，自我与超我获得进一步发展。此时，男女儿童在游戏或团体活动中，多喜欢与同性在一起玩。

（五）生殖期：11岁以上（异性相吸）
12岁以后进入青春期，由于生理上的变化，个体产生与异性接触的强烈欲望，于是年龄相仿的男女开始互相吸引，喜欢参加两性互动的活动，而且在心理上逐渐发展成熟。

人格构成的三要素

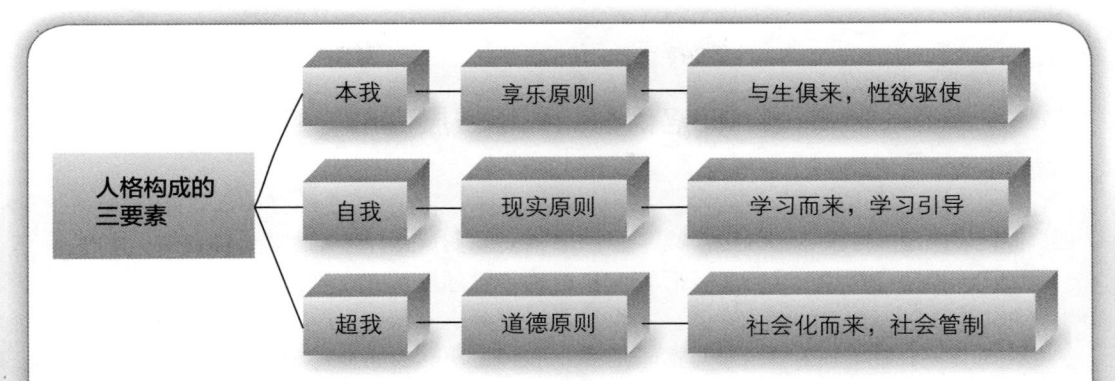

- 本我 — 享乐原则 — 与生俱来，性欲驱使
- 自我 — 现实原则 — 学习而来，学习引导
- 超我 — 道德原则 — 社会化而来，社会管制

人格发展的历程

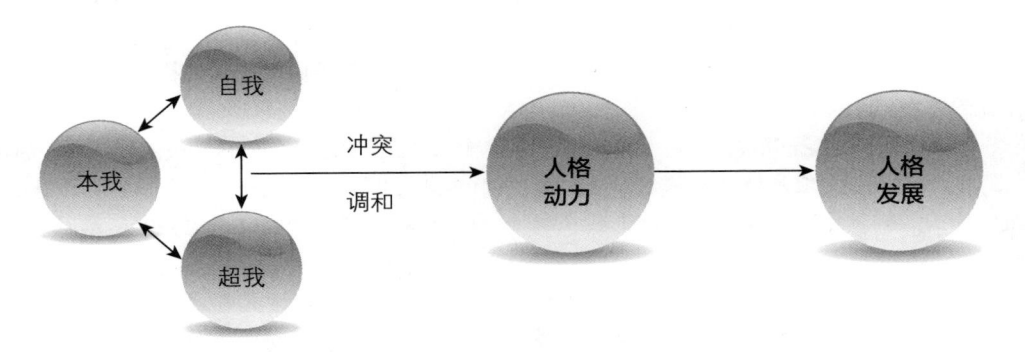

本我 ↔ 自我 ↔ 超我 —冲突/调和→ 人格动力 → 人格发展

人格结构三要素与心理活动的关系

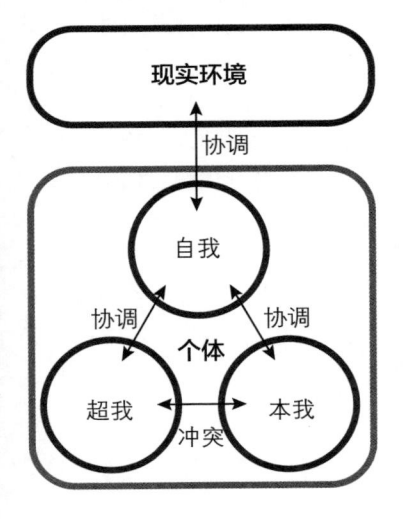

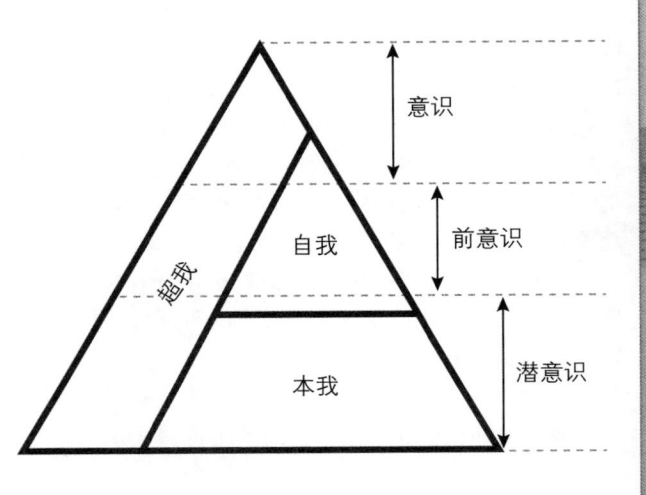

现实环境 —协调→ 个体（自我、超我、本我，协调/冲突）

金字塔结构：
- 意识：自我（上部）
- 前意识：自我（中部）
- 潜意识：本我（下部）
- 超我（贯穿左侧）

4-3　弗洛伊德的人格发展理论（二）

四、弗洛伊德理论在教育上的应用
（一）早年生活经验会影响日后的人格发展和生活适应。
（二）人心是各种生物力量与本能互动的结果。
（三）早年母子（女）关系是影响子女人格发展与心理健康的关键因素。
（四）儿童的成熟须经过"分离—个别化"的历程。

五、对弗洛伊德理论的批评
（一）研究对象是精神异常者，因此弗洛伊德的人格发展理论无法广泛推论到一般心理健康者的身上。
（二）认为性欲是人格发展的内在动力，这种"泛性论"的说法无法周全地解释人性。
（三）"早期决定论"的说法有缺失，因为人格发展的历程应该涵盖人的一生。

六、新弗洛伊德主义（neo-Freudian）
（一）又称新精神分析学派，主要代表人物有阿德勒（Adler）、荣格（Jung）、霍尼（Horney）、弗洛姆（Fromm）和埃里克森等人。
（二）他们的某些观点和弗洛伊德不同，比较强调自我功能及意识心智的角色对环境和经验的解释，他们怀疑性欲和攻击是否能解释人类所有的动机，取而代之的是探讨社会文化在人格养成中所扮演的角色，并且认为人格发展延续人生全程。
（三）阿德勒的个体心理学
1. 社会兴趣：人类是社会的动物，因此有追求归属感并希望被接纳的需求，同时也对周遭环境具有兴趣，愿意成为社会整体的一部分，致力于追求人类最大的幸福。
2. 社会决定：他认为人格的重心是意识，而不是潜意识，强调人是自我决定的个体，是命运的主宰者，所有行为都有其目的，因此分析一个人应从背后的动机开始探讨，要教导孩子做出正确的抉择，并看到人有价值的一面。
3. 自卑与超越：他认为每个人从小就有自卑感，但自卑感是一种正常现象，个人会通过不断地试图克服自卑感去产生激励感、超越感和创造力。
4. 家庭星座与生活方式：他相信家庭是塑造人格最重要的场所，父母与子女在家庭中的关系如同一个星座，父母如日月，子女如星辰，父母的教养方式、兄弟姐妹的相处经验及家庭人际关系，构成一个独特的家庭环境气氛，也影响到个人的生活方式及人格发展。例如：长子（女）的人格特质是比较会关怀他人，但也容易有依赖、权威、保守及悲观的个性；次子（女）倾向对未来有希望，具有竞争性及社会行为；中间子女较会发展出自怨自艾的个性，人际关系不佳；幺子（女）常想有所突破，标新立异；独子（女）可能会过度自我中心、依赖、固执、焦虑。

＋ 知识补充站

恋母情结 vs. 恋父情结

俄狄浦斯情结（又称恋母情结）来自希腊神话中王子俄狄浦斯的故事，相传他违反意愿，无意中弑父并娶了自己的母亲。伊拉克特拉情结（Electra Complex，又称恋父情结）来自希腊神话中伊拉克特拉的故事，相传因母亲与其情人谋害了她的父亲，故最终与其兄弟杀死了自己的母亲。后来大多引用俄狄浦斯情结来描述恋母和恋父两种心理。

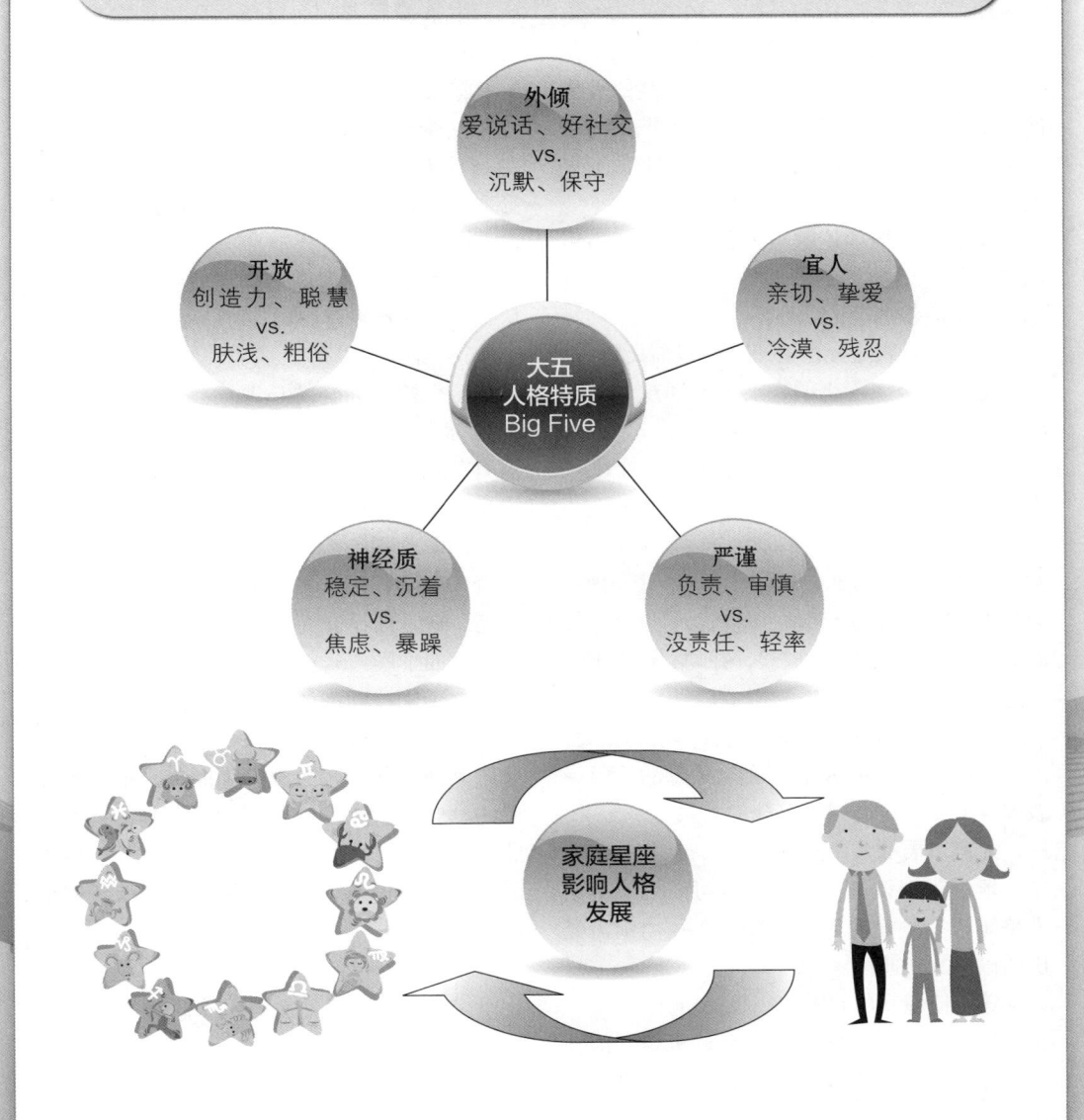

大五人格特质 Big Five

- **外倾**：爱说话、好社交 vs. 沉默、保守
- **宜人**：亲切、挚爱 vs. 冷漠、残忍
- **严谨**：负责、审慎 vs. 没责任、轻率
- **神经质**：稳定、沉着 vs. 焦虑、暴躁
- **开放**：创造力、聪慧 vs. 肤浅、粗俗

家庭星座影响人格发展

4-4 埃里克森的心理社会发展理论（一）

一、埃里克森的简介

埃里克森（E. H. Erikson，1902—1994）继承了弗洛伊德的理念并加以修正。他不像弗洛伊德那么强调"性"对人格发展的重要性，他在社会文化因素的基础上，把人的一生分为八个发展阶段，提出心理社会发展理论。

埃里克森的理论被后人称为"新弗洛伊德主义"。

二、埃里克森的理论观点

（一）重视个体的心理社会发展历程

他主张个人一生的发展主要通过与社会环境互动而形成。

（二）人生从出生到终老分为八个发展阶段

在每个发展阶段，个体都会因为个人身心发展与社会文化的要求不同而遭遇一些心理社会危机；但危机也是转机，危机会帮助个人发展出更好的适应能力及成长，并顺利进入下一个阶段。

（三）人格发展与父母的教养密切相关

青春期以前的人格发展与父母的管教、教养及关爱程度有密不可分的关系。

三、人格发展的八个阶段

埃里克森认为一个人是否可以形成健康人格（或完整自我），取决于在一生中需经历的以下八个阶段：

第一阶段：0~1岁

这个阶段面临的心理社会危机是"信任vs.不信任"。婴儿须学会信任照顾者来满足需求，主要照顾者是推动其人格发展的社会动力。发展顺利者，会对他人信任、有安全感；发展障碍者，面对新的环境事物时，会容易焦躁不安。

第二阶段：1~3岁

这个阶段面临的心理社会危机是"自主vs.羞怯"。幼儿必须学会自主，能自己穿衣、吃饭、自理大小便等，父母是推动其发展的社会动力。发展顺利者，会表现出合乎社会要求的行为；发展障碍者，会缺乏自信，做事容易畏首畏尾。

第三阶段：3~6岁

这个阶段面临的心理社会危机是"自动vs.退缩"。儿童开始学习理解大人的意见，但有时想做的事会跟父母或家人产生冲突，衍生罪恶感，因此他需要在自发性与他人利益之间取得平衡。发展顺利者，会凡事主动好奇、有责任感；发展障碍者，会容易畏惧退缩、缺乏自我价值感。

第四阶段：6~12岁

这个阶段面临的心理社会危机是"勤奋vs.自卑"。儿童必须学习课业及社会技巧，会跟其他同伴比较，教师和同伴是推动其发展的社会动力。发展顺利者，会获得良好学业成绩及人际关系，变得更有自信；发展障碍者，会变得缺乏基本生活能力，做任何事都感到挫败。

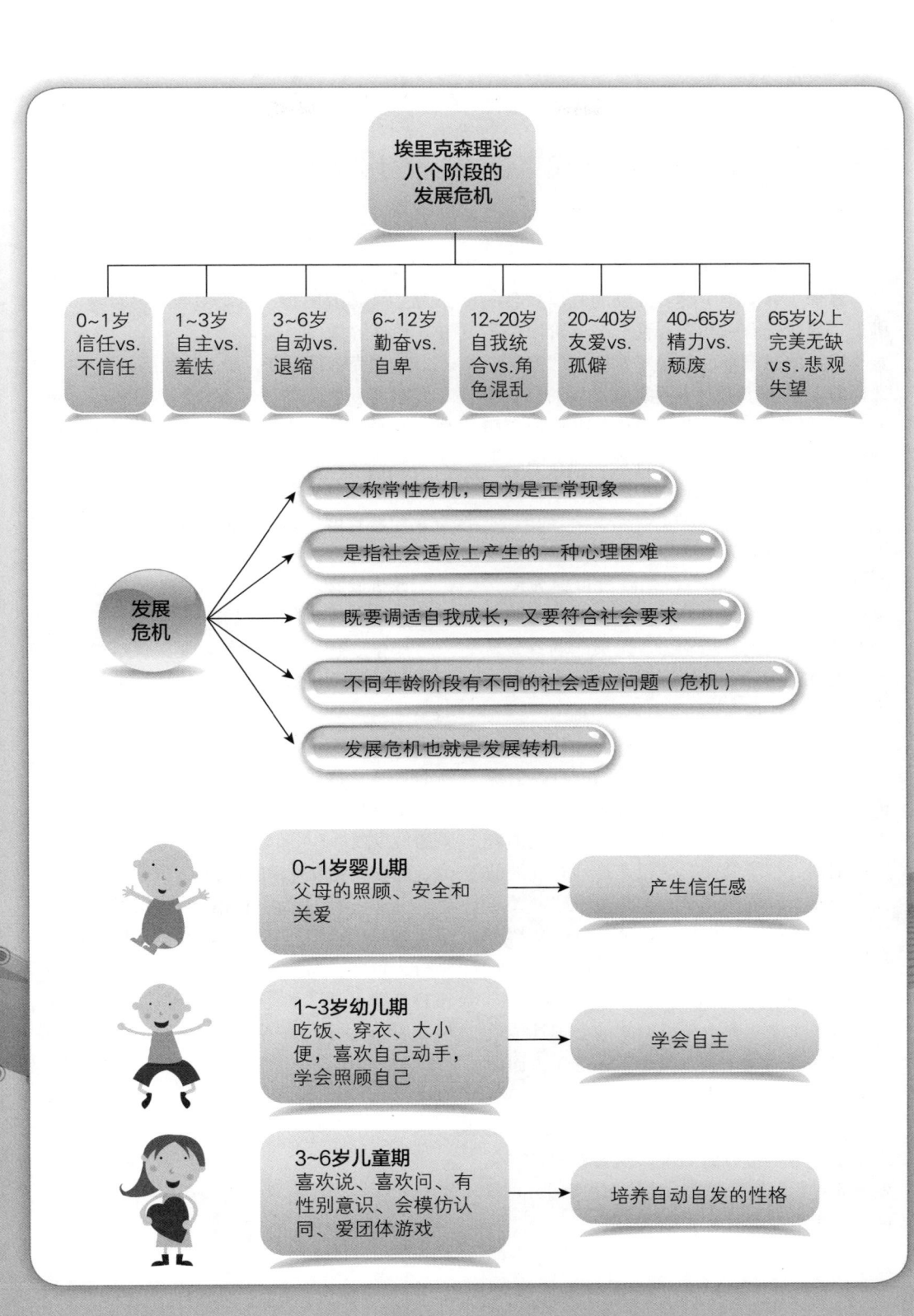

埃里克森理论八个阶段的发展危机

- 0~1岁 信任vs.不信任
- 1~3岁 自主vs.羞愧
- 3~6岁 自动vs.退缩
- 6~12岁 勤奋vs.自卑
- 12~20岁 自我统合vs.角色混乱
- 20~40岁 友爱vs.孤僻
- 40~65岁 精力vs.颓废
- 65岁以上 完美无缺vs.悲观失望

第四章 社会发展与教育

发展危机

- 又称常性危机，因为是正常现象
- 是指社会适应上产生的一种心理困难
- 既要调适自我成长，又要符合社会要求
- 不同年龄阶段有不同的社会适应问题（危机）
- 发展危机也就是发展转机

0~1岁婴儿期
父母的照顾、安全和关爱 → 产生信任感

1~3岁幼儿期
吃饭、穿衣、大小便，喜欢自己动手，学会照顾自己 → 学会自主

3~6岁儿童期
喜欢说、喜欢问、有性别意识、会模仿认同、爱团体游戏 → 培养自动自发的性格

4-5　埃里克森的心理社会发展理论（二）

第五阶段：12~20岁

这个（青少年）阶段面临的心理社会危机是"自我统合vs.角色混乱"，此阶段是儿童与成人的过渡期。青少年常问："我是怎么样的人？"同伴团体是推动其发展的社会动力。发展顺利者，会产生明确的自我观念和自我追寻的方向；发展障碍者，则会缺乏生活方向和目的，经常感到彷徨迷失。

第六阶段：20~40岁

这个（成年人）阶段面临的心理社会危机是"友爱vs.孤僻"，此阶段目标为建立友情和爱情，配偶、异性与同性的亲密朋友是推动其发展的社会动力。发展顺利者，与人相处有亲密感；发展障碍者，则与社会疏离，经常感到寂寞孤独。

第七阶段：40~65岁

这个（中年人）阶段面临的心理社会危机是"精力vs.颓废"，此阶段个人的事业与工作达到高峰，并要肩负起养育下一代的责任，配偶、孩子及文化规范是推动其发展的社会动力。发展顺利者，会热爱家庭、关心社会、有责任心；发展障碍者，则会变得不关心世事，缺乏生活热情。

第八阶段：65岁以上

这个（老年人）阶段面临的心理社会危机是"完美无缺vs.悲观失望"，老年人回顾一生会觉得活得快乐、有意义，或觉得浪费一生。个人一生的经验，尤其是社会经验，决定了其一生最后的结果。发展顺利者，会安享晚年；发展障碍者，则会悔恨旧事。

四、埃里克森理论受重视的原因

采用社会适应观点来探讨一般健康者的人格发展过程。对因当今社会变迁快速而造成新生代适应困难、犯罪率增加的问题，提供了最佳解释。

五、埃里克森理论在教育上的应用

教育新生代在面对各种发展危机时，要学会化危机为转机，进而提升自我成长的能力，以适应社会变迁。

父母和教师要施以适当的家庭和学校教育，使教育成为新生代人格发展的助力而非阻力。

改进教育理念，配合人的心理社会发展需求，以实现全人教育的理想。

小学、初中阶段的教育要提供给学生较多的学习成功经验，帮助学生建立良好的自我概念。

青少年阶段的教育要帮助学生解决自我统合和角色混淆的危机，多给予其尊重，培养其责任心，增进其合作精神，并协助其规划生涯发展。

六、对埃里克森理论的批评

并非所有人都会在相同时间点体验到埃里克森所说的危机，且"阶段说"用年龄来划分，可能会与实际状况不符合，埃里克森没有解释人是"如何"或"为何"从一个阶段发展到另一个阶段的。

青年期自我统合的六面

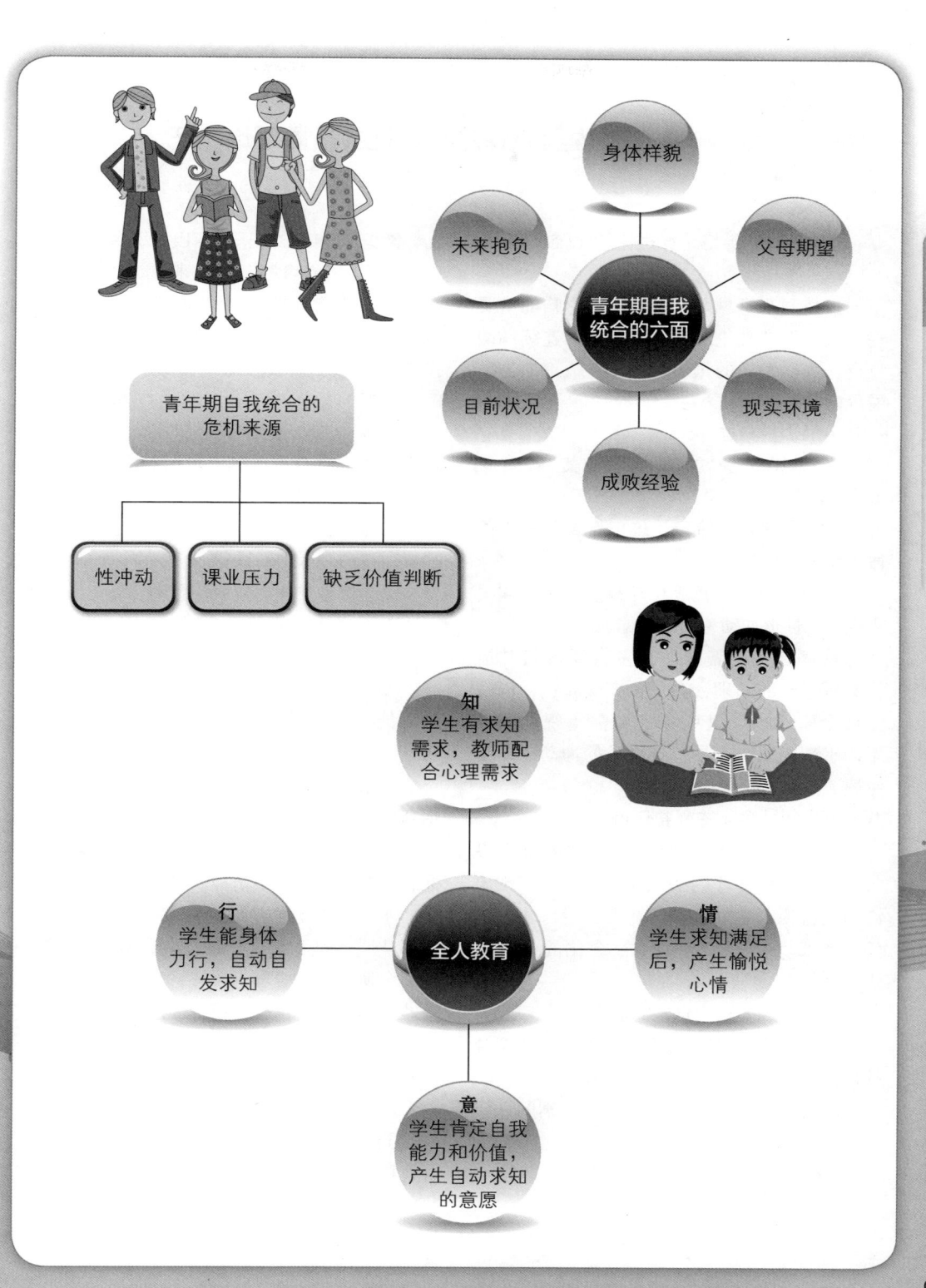

- 身体样貌
- 父母期望
- 现实环境
- 成败经验
- 目前状况
- 未来抱负

青年期自我统合的危机来源

- 性冲动
- 课业压力
- 缺乏价值判断

全人教育

- **知**：学生有求知需求，教师配合心理需求
- **情**：学生求知满足后，产生愉悦心情
- **意**：学生肯定自我能力和价值，产生自动求知的意愿
- **行**：学生能身体力行，自动自发求知

第四章 社会发展与教育

4-6 埃里克森的心理社会发展理论（三）

七、埃里克森与弗洛伊德理论的比较

（一）相同点

都强调儿童早期经验对人格影响的重要性；人格发展理论都呈现阶段性和连续性的特点；人格发展的每个阶段都有关键期与发展危机。

（二）相异点

研究对象：正常人（埃里克森）vs.异常人（弗洛伊德）；

发展阶段：八阶段（埃里克森）vs.五阶段（弗洛伊德）；

发展动力：自我成长与社会要求（埃里克森）vs.性欲冲动（弗洛伊德）；

教育含义：需帮助儿童自我成长并能将其所遇到的心理社会危机变成转机，以适应社会变迁（埃里克森）vs.需重视儿童早年的感情经验，及早疏导性欲的冲动（弗洛伊德）。

八、青少年社会化的重要任务

青少年社会化是指青少年学习有效参与社会事务所需要的知识和技能，并表现出恰当的行为，例如，遵守社会规范、建立责任心和义务感等。青少年社会化的任务主要有：

①学习成人独立自主的能力。

②形成完整的自我概念，达到自我统合的目标。

③适应"性"成熟，增进对性别的认识和了解。

④学习拓展友谊和人际关系。

九、青少年期的危机来源与自我统合

（一）青少年期的危机来源

生理成熟所带来的性冲动的压力和困惑；学校课业和考试的压力和苦恼；缺少自我价值判断，彷徨迷失。

（二）青少年期自我统合的方面

青少年期要自我统合以下六个方面，人格发展才会接近成熟：自己的身材样貌；父母师长的期许；过去的成败经验；目前的学业和交友状况；现实环境的条件（如家庭）；自己对未来的展望。

（三）青少年期自我统合的状态

美国学者马西亚（J. Marcia）研究发现，青少年的自我统合有以下四类状态：

①定向型统合：能忠实评估、审视自己的能力与价值观，做事不盲从、不固执己见。

②未定型统合：对未来充满不确定性而感到焦虑，同时也充满期待。

③早闭型统合：大人已为他们设定好目标和方向，缺乏探索精神。

④迷失型统合：他们对大人设定的目标并不认同，也不积极寻找方向，抱持"今朝有酒今朝醉"的心态。

（四）自我统合在教育上的意义

1.视青少年为成人，给予尊重，帮助他们设定明确且清楚的学习目标。

2.青少年在寻找自我概念的过程中经常会感到焦虑，因此要帮助青少年避免自我统合危机，建立自信心。

3.青少年为提供适当的榜样作为学习对象，解决统合危机。

青少年期自我统合的四种心理状态

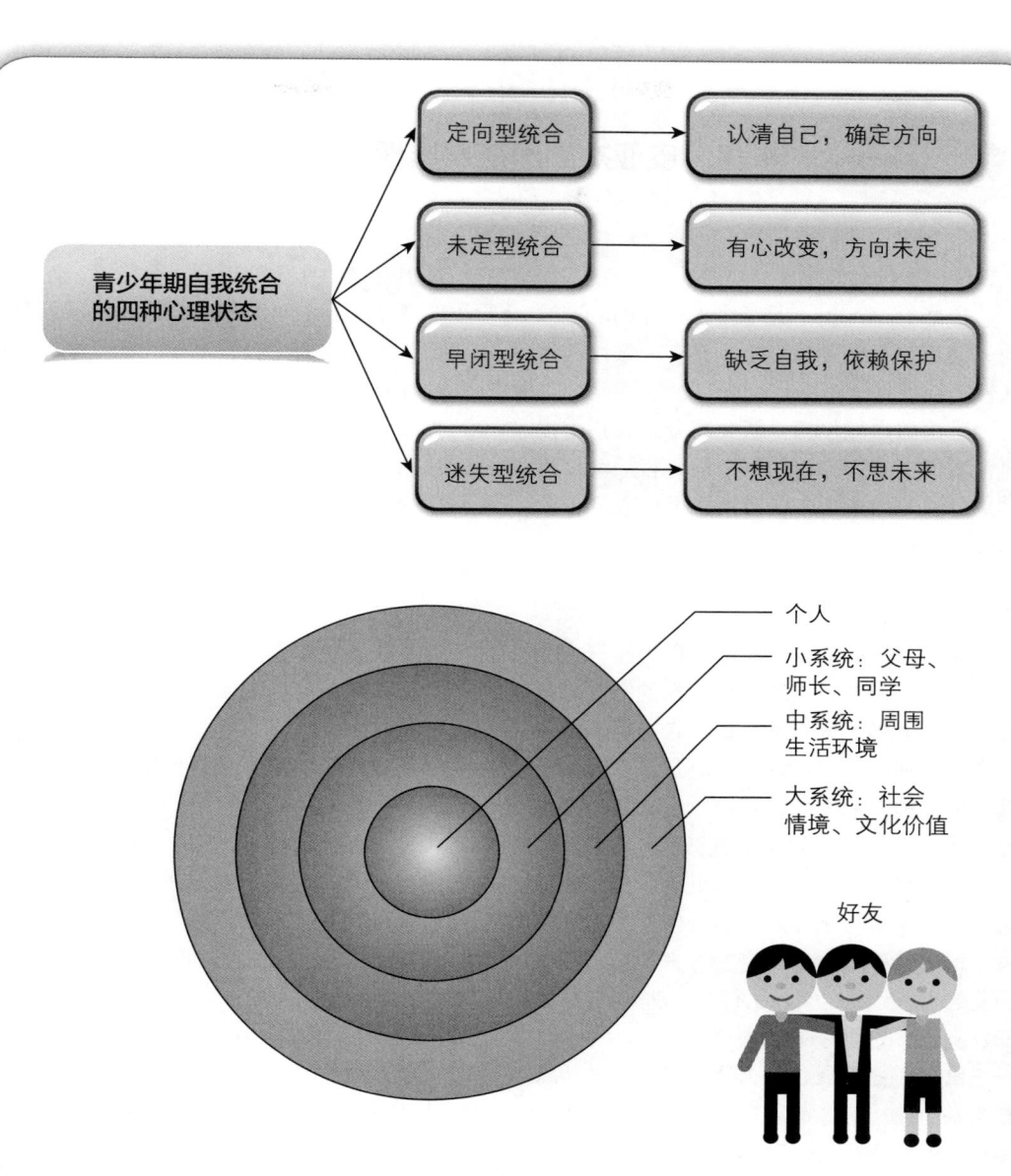

- 定向型统合 → 认清自己，确定方向
- 未定型统合 → 有心改变，方向未定
- 早闭型统合 → 缺乏自我，依赖保护
- 迷失型统合 → 不想现在，不思未来

第四章 社会发展与教育

- 个人
- 小系统：父母、师长、同学
- 中系统：周围生活环境
- 大系统：社会情境、文化价值

好友

＋ 知识补充站

生态系统理论与青少年期的教育意义

布朗芬布伦纳（U. Bronfenbrenner）提出生态系统理论，他定义环境为一个巢状结构，最内层是小系统，是青少年发展的动力来源，包括亲子关系、师生关系和同伴关系；中系统是指家长工作环境、学校行政系统和兄姐的交友状态等，可支持青少年发展更臻完善，也可能因为和个人价值观差异太大而使得青少年感到压力；大系统是指社会制度、文化传统和传播媒体等。

043

4-7 皮亚杰的道德发展理论

一、道德是什么

道德（morality）是一个人内在的心理倾向，会表现在外显行为上，具有一致性和持久性的特点。

道德的内涵包括：认知成分，是指个人对情境的了解、分析和判断的心智活动；行动成分，是指个人在特定情境下所表现出来的行为；情感成分，是指个人的好恶喜惧等情绪的表现。

二、品格是什么

品格（character）也可以称为品行或品德，是指一种人类本质（含内在的态度和信念）、行为形态或行动习惯。它是用来衡量一个人道德修养的依据，或决定自己行为及其与他人关系的发展，可经由后天培养及教导而获得，以合乎社会认同的规范。

品格的构成要素有：知善，了解善与恶，并能审慎地选择对的事去做；觉善，发展道德的情感及情绪，有能力去同情、尊敬和爱他人；行善，实际执行或行动。

三、皮亚杰的理论观点

重视道德发展，认为要培养学生的道德观念和道德行为，必须配合道德发展阶段，无法经由教育训练而获得。

皮亚杰从观察儿童玩弹珠游戏中发现，儿童对游戏规则的遵守及了解是随年龄增长而改变的。

四、皮亚杰的道德发展三阶段

（一）无律阶段

2~7岁，不了解游戏规则的意义，也不一定遵守游戏规则。

这个阶段的儿童处于前运算阶段，这个阶段的儿童较偏向自我中心，缺乏服从规范的意识，因此我们无法从道德的观点来评估幼儿的行为。

（二）他律阶段

7~11岁，遵守游戏规则，但不一定了解游戏规则的意义。

进入具体运算阶段的儿童，能遵守成人所定的行为规范，但不一定了解。因此，在判断行为是非时，儿童只会根据后果大小，而不是主观动机。例如：一名儿童不小心打破了杯子，另一名儿童因为偷拿东西吃而打破杯子，会被视为"一样坏"的行为。

判断道德行为的标准是根据他人所设定的"外在标准"而定。

（三）自律阶段

约11岁以上，能了解游戏规则的意义，但也质疑游戏规则，喜欢自定游戏规则。

进入形式运算阶段的儿童，能了解行为规范，也开始质疑成人所定的行为规范，甚至于喜欢自定规范。因此，儿童已能分辨不小心打破杯子与偷吃东西打破杯子的行为是不一样的。

皮亚杰认为儿童在10岁以后，判断道德行为的标准是根据自己所认定的"内在标准"而定。

| 道德发展：人类的道德观念和行为，是根据心理发展的社会化历程而形成的 | ←不等同→ | 道德教育：人类的道德观念和行为，是可以通过教育方法加以培养和训练的 |

第四章 社会发展与教育

皮亚杰道德发展三阶段

- 无律阶段
  - 前运算阶段
  - 不遵守、不了解游戏规则
- 他律阶段
  - 具体运算阶段
  - 遵守但不了解游戏规则
- 自律阶段
  - 形式运算阶段
  - 了解并喜欢自定游戏规则

偷吃东西打破杯子 —— 都是一样坏的行为 —— 道德他律阶段

不小心打破杯子 —— 两个行为是不一样的 —— 道德自律阶段

045

4-8 科尔伯格的道德发展理论（一）

一、科尔伯格的理论观点

科尔伯格（Kohlberg）排除传统上道德分类的观念，他认为人的道德不是"有"或"无"的问题（某人有道德或无道德），也不是归类的问题（甲先生诚实或乙小姐虚伪），而是随年龄经验的增长而逐渐发展的。

道德认知可以通过教育加以培养。

人类的道德认知发展有一定的顺序原则。

可运用"道德两难困境"的问题，来评估人类的道德发展水平。

二、科尔伯格道德发展的顺序原则：三水平六阶段

科尔伯格划分顺序的标准是"习俗"，也就是经由社会大众认可且有共识的社会习俗或社会规范。他认为凡符合社会习俗或社会规范的行为就是道德行为，例如：裸体上街不合社会习俗，是违反社会道德的行为。

（一）前习俗水平

年龄大约是学前幼儿园至小学中低年级，这时的个体凡事只考虑到行为后果带来的苦乐，或是否能满足自己的需求。

第一阶段：避罚服从取向

行为动机：规避惩罚为首要考量。

典型反应：儿童缺乏是非善恶观念，只为避免惩罚而服从规范；行为好坏依行为结果来评估，不考量动机。

第二阶段：相对功利取向

行为动机：以自身利益为首要考量。

典型反应：儿童考虑任何问题都是以满足自我为主；儿童会为了获得奖赏而服从规范。

（二）习俗水平

年龄大约是小学中年级以上至青年期，个体的所作所为在家会符合父母期望，在学校会遵守校规，出社会后会守法。

第三阶段：寻求认可取向

行为动机：以获得他人的认同（乖男巧女）、称赞及情感为首要考量。

典型反应：儿童为获取成人的赞赏而遵守规范；儿童会表现出符合成人期望的行为。

第四阶段：遵守法规取向

行为动机：以遵守规范、不妨害他人、不触犯法律为首要考量。

典型反应：遵守规则是为了避免触犯法律。

（三）后习俗水平

年龄大约是青年期以后，个体理应发展出"有所为，有所不为"的独立思考判断，是非善恶的标准须合乎个人良心和价值观，不合乎大众利益和普世价值的社会规范应被抵制。

第五阶段：社会法制取向

行为动机：强调互相尊重的义务与法律的基本精神，容许个人价值与法律的冲突。

典型反应：只要大众有改变的共识，社会规范是可以改变的，正所谓"移风易俗"。

第六阶段：普遍伦理取向

行为动机：主张普世的正义原则与伦理原则。

典型反应：遵守规范是为了追求正义公理，避免受到良心苛责。

运用"道德两难困境"评估道德发展

"海因兹先生偷药"的故事

欧洲有名妇人患了一种绝症,生命垂危。医生认为只有一种药能够治愈她,但那是本城镇的一位药剂师所发明的。由于制造这种药要花很多钱,药剂师索价是成本100 000元的十倍,也就是1 000 000元。病妇的丈夫海因兹到处向人借钱,最后只借得500 000元,仅够支付医药费的一半。海因兹不得已,只好告诉药剂师,他的妻子快要死了,请求药剂师便宜一点卖给他,或者允许他赊欠。但药剂师说:"我无法答应,我发明这种药就是为了赚钱。"海因兹走投无路之下,竟在月黑风高的夜晚偷偷闯入药剂师的家里,为妻子偷走了药。

请受测验者在听完这个故事后,回答以下一系列的问题:"海因兹先生应该这样做吗?为什么应该或不应该?法官该不该判他的罪,为什么?"从测试者的回答中能够了解个人是如何做道德行为推理判断的。

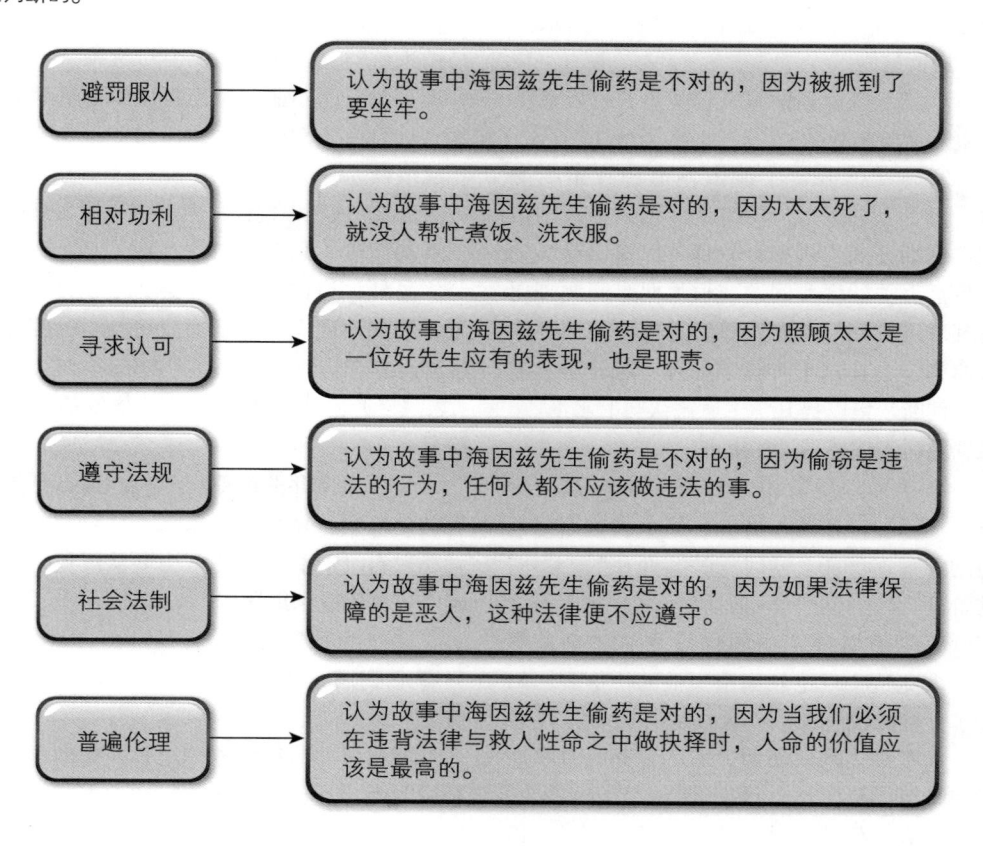

避罚服从	认为故事中海因兹先生偷药是不对的,因为被抓到了要坐牢。
相对功利	认为故事中海因兹先生偷药是对的,因为太太死了,就没人帮忙煮饭、洗衣服。
寻求认可	认为故事中海因兹先生偷药是对的,因为照顾太太是一位好先生应有的表现,也是职责。
遵守法规	认为故事中海因兹先生偷药是不对的,因为偷窃是违法的行为,任何人都不应该做违法的事。
社会法制	认为故事中海因兹先生偷药是对的,因为如果法律保障的是恶人,这种法律便不应遵守。
普遍伦理	认为故事中海因兹先生偷药是对的,因为当我们必须在违背法律与救人性命之中做抉择时,人命的价值应该是最高的。

4-9 科尔伯格的道德发展理论（二）

三、科尔伯格理论在教育上的应用

（一）道德认知发展须遵守两大原则：由他律到自律、循序渐进

教导年幼的儿童，要制定具体明确的道德行为规范让其遵守。等到儿童年龄渐长，他们自然就有足够的思考能力，能够自己做出是非判断。此外，道德发展阶段是渐进的，不能越级。

（二）道德教学须符合学生心理发展：与生活经验相联结

实施道德教育不能依赖道德教条的灌输，而是要贴近学生的生活经验，并改用诘难推理的方式，例如：教师可以提供给学生与生活有关的现实问题或道德两难问题来促进其思考判断。实施道德教育也可采用"加一原则"，在六个阶段中提升一段让学生去思考判断，借以提升学生道德认知的水平。

四、对科尔伯格理论的批评

三水平六阶段说，在现实中未必是分开、连续和一致的，例如：某个人做道德判断的答案，可能会同时反映其处在数个不同的阶段。

科尔伯格理论建构的研究对象全是男性，因此这个理论较偏重男性的价值观，忽略了女性的价值观。

具有高道德认知的人不一定同时具有高道德行为。

五、吉利根倡导女性道德发展理论：关怀伦理学

（1）女性主义者吉利根（C. Gilligan）提倡"关怀伦理学"，认为科尔伯格的道德发展理论依循的是男性的标准，强调"正义"而忽略了"关怀"，这是一种带有男性偏见及不公平的理论。例如：女孩子在玩跳绳和跳房子的游戏时，游戏是轮流进行的，游戏中的竞争是间接性的，某人在游戏中获胜并非代表他人失败，因此很少会出现需要仲裁的争端或冲突。即便出现争端，也会立马结束游戏，因为女孩们会宁愿维持彼此的和谐关系，而不愿去制定解决争端的规则制度，这是由于女性大多会倾向于重视关系及相互依赖。

（2）吉利根批评科尔伯格道德发展的第三和第四阶段只有方向的差别，并无高下之分。另外，道德发展是社会文化教养下的结果，因此不同文化下不能使用相同的两难困境问题来作为判断道德优劣的依据。

（3）吉利根提出女性道德发展的三个阶段

①个人生存的道德：只关心与自身生存有关的事情。例如：儿童认为"对"的事情就是对自己有利的，儿童会顺从规范来获取奖赏，避免受到惩罚。

②自我牺牲的道德：转向自我牺牲，只考虑到满足他人的需求，借以获得他人赞赏。

③均等的道德：遇到道德两难问题时，会同时考虑自己和他人的需求，但是要满足所有人的需求是不可能的，有时候需要大家共同牺牲，但没有任何人会受到伤害。

> **➕ 知识补充站**
>
> **科尔伯格理论的应用实例**
>
> 　　小静经常因为成绩不好，被父母责备。她今天没准备好，因此，她想在随后的数学考试中作弊。她应该作弊吗？以下是一些人的想法：
> 　　（一）应该，作弊得到好成绩，她的父母会认为她是好女儿，以她为荣。
> 　　（二）不应该，如果她被抓到，会受到严厉的处分。
> 　　（三）不应该，因为作弊违背校规。
> 　　（四）不应该，因为作弊对班上其他人是不公平的。
> 　　（五）应该，因为她若得到好成绩，她的父母可能让她去看场电影作为奖赏。
> 　　请根据科尔伯格的道德发展理论，说明上述五种反应，分别处于哪一个发展阶段，并叙述该阶段的特征。
> 　　解答：
> 　　（一）寻求认可取向，顺从传统的要求，要扮演好女儿的角色。
> 　　（二）避罚服从取向，害怕作弊被抓到后遭到的惩罚。
> 　　（三）遵守法规取向，恪守校规和法律权威。
> 　　（四）社会法制取向，行为的对错要看社会大众的共同认可而决定。
> 　　（五）相对功利取向，行为的对错要看行为后果的赏罚而决定。

价值澄清教学法

1. 不赞成教条式的灌输道德教育。
2. 协助学生察觉自己和他人的价值，并由此建立自己的价值体系。
3. 包含三项步骤、七个规准。

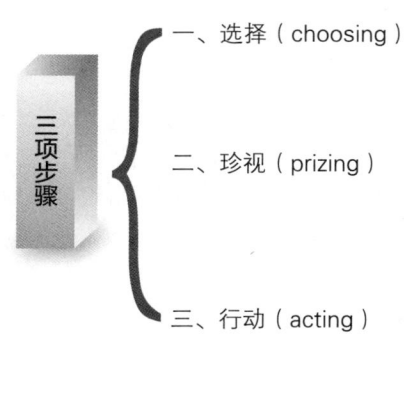

三项步骤

- 一、选择（choosing）
  1. 自由的选择
  2. 从不同的途径中选择
  3. 经过考虑后才选择（深思熟虑）
- 二、珍视（prizing）
  4. 重视与珍惜自己的选择
  5. 公开表示自己的选择
- 三、行动（acting）
  6. 根据自己的选择采取行动（坐而言，起而行）
  7. 重复实施，建立明确的价值观

七个规准

4-10 社会行为发展的特征与模式(一)

一、社会行为的重要性

社会行为可以增进人格正常发展：它会形成人格特质的一部分，包括独立或依赖、支配或顺从、反抗或合作、友善或攻击等。

早年生活经验决定社会适应的程度：幼儿早期的社会行为经验如果是快乐满足的，其日后就会有良好的社会适应行为和情绪、人格发展。

二、社会行为发展的阶段与特征

（一）0~2岁：自我中心、模仿、缺乏道德意识

婴儿2~6个月时，虽然会互相注视、触摸对方，但这只是无意识的动作。

婴儿6~11个月时，会想要动手触摸对方，对与人的互动感兴趣，能用简单的动作、声音或微笑来回应。

婴儿10~24个月时，会用简单的模仿动作表现出互惠行为或争抢。

（二）2~6岁：合作游戏、个性发展、寻求认可

幼儿早期的社会行为会经由游戏的互动表现出来。游戏的对象会由成人逐渐转向同年龄的幼儿（或儿童）。

幼儿2岁左右，自我中心强烈，喜欢单独游戏。

幼儿2~3岁左右，在团体里游戏，但各玩各的。

幼儿3岁以后，与其他幼儿融入游戏里，并逐渐社会化。

幼儿5岁以后，参加团体游戏，越来越有组织化。

（三）7岁后：既合作又有竞争

儿童7岁以后，开始产生分工合作、竞争性的游戏类型。

三、社会行为模式

（一）模仿

婴儿在3个月时会模仿面部表情，6~7个月时会模仿手势及动作，1岁时会模仿声音语言。模仿在教育上具有积极作用，通过同伴间的互相模仿可提高学习效果。

（二）寻求认可

2岁左右的幼儿就有寻求社会认可与赞许的期望，希望能引起他人的注意与喜爱。

（三）竞争

婴儿在1~2岁时会互相抢夺玩具，但这并非真正的竞争；3岁左右开始出现竞争行为，5~6岁时已发展出强烈的竞争行为。

正向的竞争会促使儿童勤奋努力，增强社会化；负向的竞争（如吵闹、打架）会导致儿童社会适应不良。

（四）攻击

是一种带有敌意的威胁行为，大多是被激怒而引起，2~5岁时达到高峰。

攻击行为会随着年龄增长由直接转为间接，例如：2~4岁的儿童会直接攻击对方的身体（如打、推、踢）；2~5岁儿童会采用间接的语言攻击（如责骂、讥笑）。

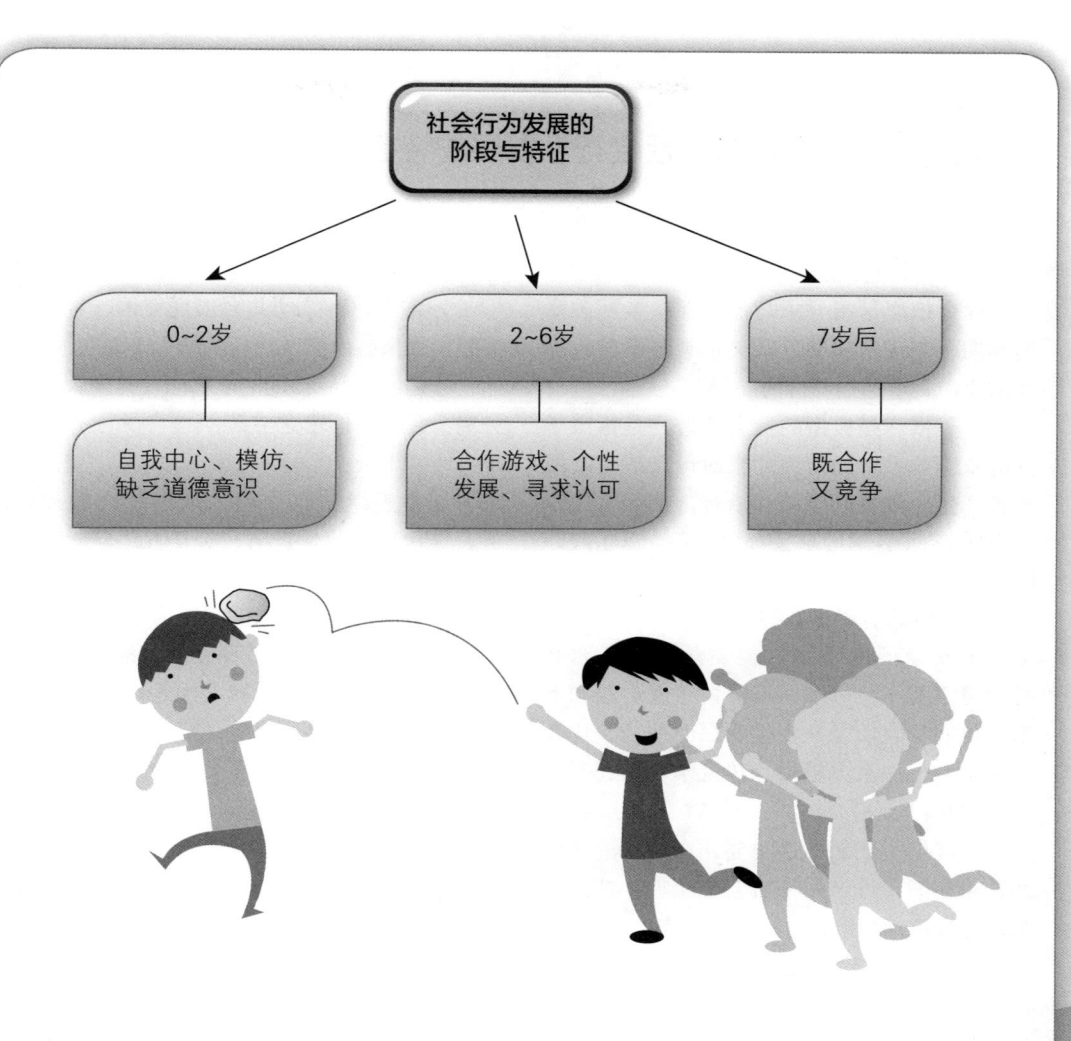

```
                    社会行为发展的
                     阶段与特征

        ↙              ↓               ↘
     0~2岁           2~6岁            7岁后
       |               |                |
   自我中心、模仿、   合作游戏、个性    既合作
   缺乏道德意识     发展、寻求认可    又竞争
```

✚ 知识补充站

团体中的去个性化现象

老周平时给人的印象是温和又平易近人。但是有一天他突然被警察传唤，大家都觉得很纳闷。原来是老周两个星期前去参加了某个示威游行，由于当时人很多，他看到有人向警察丢石头，也就跟着丢石头，被警察查出来了。请问为什么老周在群众中会变成另一个人，做出跟平时给人印象不一样的行为？

解答：老周在团体中产生了"去个性化"现象，丧失自我意识和自我控制能力，取而代之的是团体的目标和活动，这个时候会有一种不需要对自己行为负责任的念头，也不在乎行为的结果。此外，在人群中会以为自己的身份被隐藏起来，自觉他人对自己的注意力减少，也减少了行为的责任。

4-11　社会行为发展的特征与模式（二）

（五）社会依恋

社会依恋是指寻求与他人保持亲密关系的倾向，表现出啼哭、微笑、紧跟不放、身体依偎、要求拥抱等行为。

亲子依恋是典型的社会依恋，是指亲子间的依恋关系，通常婴儿会对母亲或主要照顾者产生一种情感联结和依赖。例如：大约6个月的婴儿看到母亲会特别开心，母亲离开时会显得焦躁不安。

社会依恋有以下四种类型：

①安全型依恋：这类婴儿在母亲离开时会情绪不安，母亲回来后情绪就会缓和下来。他们长大后会有较佳的社会技巧，比较容易好奇、注意力集中、热爱学习、拥有亲密的朋友。

②抗拒型依恋：这类婴儿在母亲离开前就开始焦虑，母亲回来后会想接近，却又尖叫踢打抗拒，情绪无法被安抚下来。

③逃避型依恋：这类婴儿在母亲离开时很少哭闹，母亲回来后却会逃避她。抗拒型和逃避型的婴儿在长大后会比较被动退缩、自信心差、缺乏好奇心、同伴关系差。

④错乱型依恋：这类婴儿在母亲回来后高兴迎接，但一下子又掉头离开，没有安全感，长大后容易变成有敌意和攻击性的人。

社会依恋的发展阶段：

①约0~2个月，无特定对象的社会反应行为。

②约2~7个月，有特定对象的社会反应行为。

③约7个月~2岁，建立依恋行为，积极想与照顾者亲近，一旦依恋对象离开就会产生"分离焦虑"，幼儿会出现害怕、生气、哭闹、哀伤、冷漠及挫折的行为表现。

④约2岁以后，逐渐能够忍受与亲人短暂分离，并和同伴建立关系。

（六）反社会行为（反抗）

是指表现出抗拒行为或对他人施加压迫，是一种自我保护的"补偿性适应行为"（或称防御机制），3岁左右是幼儿反抗的高峰期，他们以反抗成人的权威为主。

包括身体反抗及语言反抗，常见的行为有唱反调、发脾气、冷漠、拒绝答话等。

（七）亲社会行为

又称利他行为，包括帮助他人、安慰他人（同情心）、保护他人、与他人分享、与他人合作等。

幼儿从3岁开始能对他人的难过表示关心，会试着帮助或安慰痛苦的人。到4岁时开始与他人有合作行为。

幼儿表现出亲社会行为，代表他具有站在他人立场和为他人着想的能力，例如：常和别人分享玩具，常主动关心、帮助别人，愿意一起分工合作。一般来说，这样的幼儿在同伴中较受欢迎。

亲社会行为与父母教养方式有关，如果父母在面对子女的需求时，可以给予适当的关心和支持，遇到问题时可以适时地引导他们找出解决方法，让子女从中学习到负责、自主，他们日后就比较会体谅他人、了解他人需求，并表现出亲社会行为。

```
社会依恋
├─ 安全型 ── 母亲敏感、细心、负责
├─ 抗拒型 ── 母亲时而热衷、时而冷淡
├─ 逃避型 ── 母亲没有耐心、严苛易怒
└─ 错乱型 ── 母亲对婴儿忽略、拒绝、虐待
```

```
婴儿气质
├─ 易养育型：对环境的改变适应性高，在日常生活中表现出愉悦的态度
├─ 磨娘精型：面对新环境，一开始是退缩反应，后来又情绪反应激烈，多为负向情绪表现
└─ 慢吞吞型：对新环境采取退缩反应，适应期很长，活动量低，有负向情绪表现
```

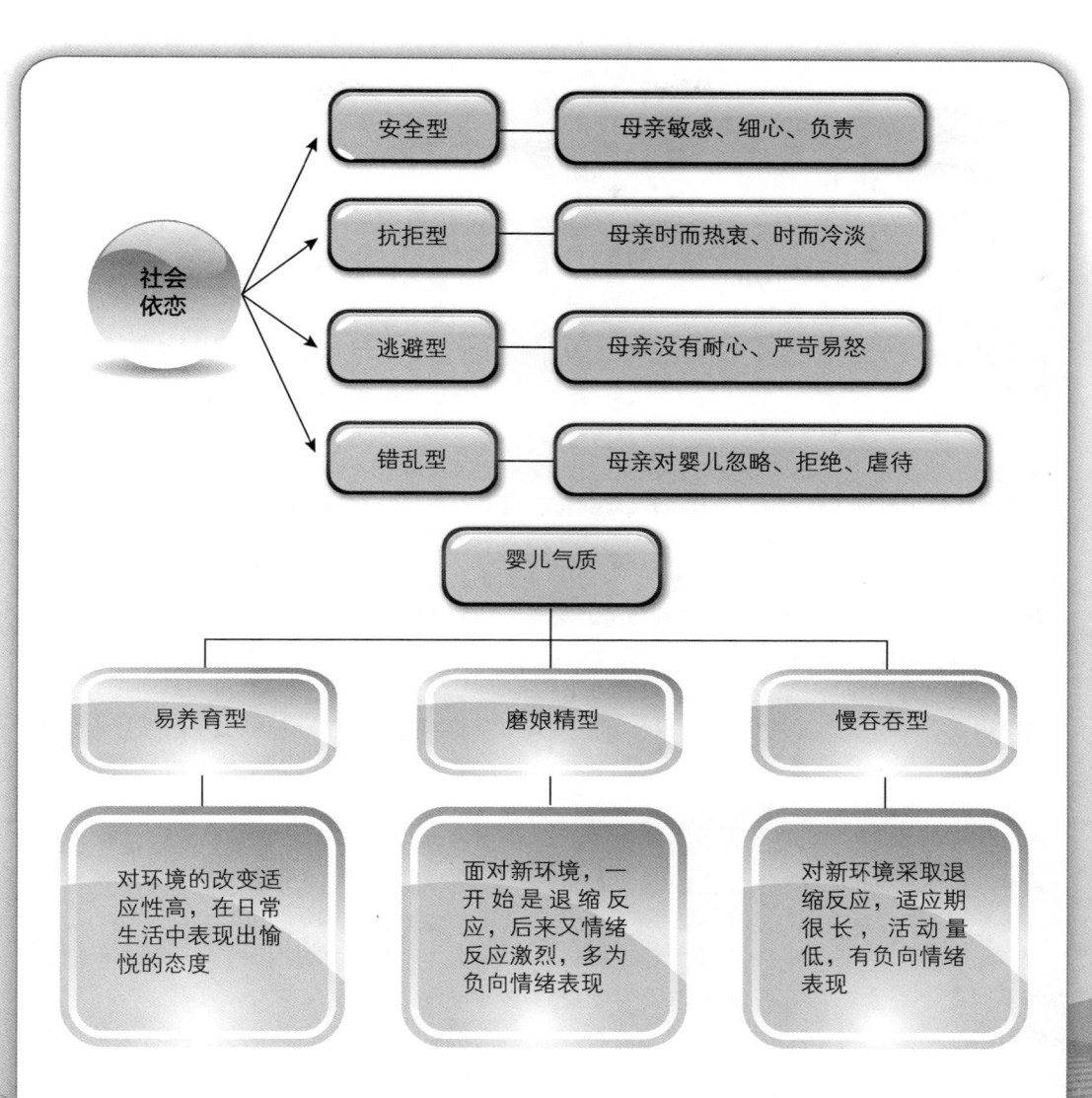

第四章 社会发展与教育

➕ 知识补充站

社会依恋的理论与影响

鲍尔比（Bowlby）的依恋理论认为婴儿在6~9个月，与主要照顾者之间亲密的情感联结，是日后社会关系发展的重要基础。安斯沃思（Ainsworth）利用陌生情境实验，研究12~18个月大的婴儿，在母子相处情境下，当陌生人介入时，婴儿对母亲所表现的依恋行为，研究结果归纳出四种社会依恋类型：安全型、抗拒型、逃避型和矛盾型。

美国学者托马斯（Thomas）的研究显示，婴儿气质（temperament）会对依恋类型产生影响，主要照顾者如果可以调整自己的教养方式来配合婴儿气质，例如：经常轻柔地抚触婴儿皮肤、回应婴儿的需求并鼓励婴儿探索环境，就容易导向安全型依恋。另外，依恋类型也会对成年后的人际亲密关系产生影响。

4-12 社会行为发展与教育

一、增进社会行为发展的做法

想要使儿童具有良好且正向的社会行为发展，在家庭和学校教育两方面的做法如下：

（一）维护身体的健康

养成良好的生活习惯及规律的生活作息，身体健康有助于社会行为的正向发展。

（二）促进语言的发展

引导儿童在与他人言谈时能主动、有礼貌，这样自然容易在团体中被接纳和尊重。

（三）指导参与团体游戏

鼓励儿童多参与团体游戏活动，通过角色扮演及合作游戏，促进儿童社会行为的正向发展。

（四）保持稳定成熟的情绪

情绪稳定是促进社会化的动力，因此成人平时要帮助幼儿在情绪上保持心平气和。

（五）提供示范的好榜样

社会行为会借由模仿习得，父母和教师平时应注意自己的言行举止，做到以身作则。

（六）强化良好的社会行为

当儿童表现出良好的社会行为时，强化作用可以提高行为发生的频率。

（七）给予自主学习及做决定的机会

在儿童的能力范围内，鼓励他们尝试自己解决问题和做决定，有助于培养其独立态度及处理事务的能力。

（八）接纳、尊重及倾听儿童

成人必须视儿童为独特的个体，避免和其他儿童比长较短，也要有耐心地倾听孩子说话，避免教条式的训诲。

（九）避免产生习得无助感

成人应了解儿童的能力，勿给予其太大的压力，要给孩子体验成功的机会。

（十）教导儿童正向且合理的情绪表达

父母教养方式要赏罚分明、公平一致，适度的惩罚要及时、告知原因、切合需求。

（十一）引导儿童与自我做比较，进而建立自信心

勿将成人的价值观和期望强加在儿童身上，参与竞赛活动要注重过程而非结果，要让孩子做到胜不骄、败不馁。

二、艾森伯格（Eisenberg）的亲社会道德理论

第一阶段（享乐取向）：助人是因为考虑到对自己有利。

第二阶段（需求取向）：对他人的需求会主动表示关心。

第三阶段（刻板取向）：根据善恶的刻板印象来决定是否助人。

第四阶段（同理取向）：基于同理心和换位思考来决定是否助人。

第五阶段（内化取向）：助人是责任，也是普遍的社会价值。

✚ 知识补充站

社会促进
一个人在大家的面前进行作业时，因为大家的注意，加强了个人的动机，结果表现出优于自己单独作业时的绩效。

群体极化作用
当个人因为置身于团体中而产生趋向极端化决策的心理现象，这种现象可分成两类：一是冒险偏移，例如，个人在决定一件事时想要采取冒险方式，经过团体讨论后，会决定采用更加冒险激进的方式，这就是"一人胆不大，三人变成虎"；二是谨慎偏移，又如，个人在决定一件事时想要采取保守作风，经过团体讨论后，会决定采用更加谨慎保守的方式。

内群体偏好
如果有某人和我们同样属于某个团体，我们会很自然地对他采取正面的看法，并善待他。

留面子效应（door-in-the-face effect）
个人先提出一个对方会拒绝的大要求，等对方拒绝后，再提出一个小要求，通常这个小要求被接受的机会将大幅增加。

登门槛效应（foot-in-the-door effect）
个人在一开始只提出一个小要求，等对方接受后，再提出一个相关而且比较大的要求，通常这个大要求被接受的机会将大幅增加。

责备受害者现象（blame the victim）
人们对这个世界会有一种公平的信念，认为好人有好报，所有的不幸都是受害者咎由自取。这其实是一种防御归因，借以帮助人们维持着安全、规律、可预测的生活。

自我监控性格
高自我监控性格的人，会强烈地想要控制社会情境，相当在意他人意见，甚至会刻意掩饰自己的意见来取悦他人。

4-13　防御机制对人格发展的影响

一、防御机制的意义

防御机制（defense mechanism）是指个体从生活经验中学到的适应挫折与降低焦虑的自我保护行为，又称"自我防御机制"。

具有保护及增强自我的功能，适当地运用防御机制有助于心理健康及人格的健全发展，但如果把它当成逃避现实的手段，常会因此造成人格的偏差而导致异常行为及心理疾病的发生。

二、防御机制的分类

（一）压抑

潜意识里的内心冲突，不知不觉地影响到日常行为。例如：不愿回想起地震的恐惧，但生活中稍有风吹草动就以为又发生地震了。

（二）否定

明明已经发生的事，却认为根本没发生过，是一种鸵鸟心态。例如：父母对子女抱有高期待，可能会拒绝承认子女能力不足以达到自己的要求。

（三）投射

会用自己的想法去揣度他人的想法；或担心他人发现自己的缺点，所以先下手为强，把别人的缺点批评一番。例如：自己动手打人，却先跟大人说是别人打他。

（四）退化

遇到挫折时表现出比较幼稚的反常行为。例如：6岁儿童在弟弟出生后，开始出现尿床、咬指甲等行为。

（五）转移

想要发泄冲动或怒气到某个对象上，却因为打不赢对方而转移到另一个安全的对象上。例如：一个儿童在学校被欺负，于是回家打妹妹出气。

（六）认同

把他人的价值观或行为转化为自己的标准。例如：儿童常想象自己是动画片里的超人英雄。

（七）反向形成

压抑住自己的欲望，在潜意识里又怕他人察觉自己的念头，于是做出来的行为与内心想法正好相反，就像"此地无银三百两"的例子。例如：喜欢过分炫耀自己以引人注意，可能是因为内心自卑作祟。

（八）合理化

遇到挫折时，为了维护自尊、降低焦虑，而为自己的行为找到一个合理的解释。例如：成绩不及格，就抱怨说是老师评分不公，是一种"酸葡萄、甜柠檬"心理。

（九）补偿

在某一方面失败而失去自信时，在另一方面努力追求成功以满足需求的心理。例如：个子矮小的人无法在运动场上得到成就，就转向在学业上加倍努力。

（十）升华

把不被社会接受的欲望或本能加以改变。例如：一个儿童很生气想打人，但又知道打人是不被允许的，于是选择将愤怒发泄于画图上。

鸵鸟心态

防御机制的一则笑话

阿花有天拿成绩单回家,一开门就很开心地对妈妈说:"妈,我今天语文考了五十分!"

妈妈听了生气地说:"考不及格有什么好开心的,你弟弟都考一百分!"

阿花听了更开心地说:"是啊,是啊,您不是常说,我只要有弟弟的一半就好了吗?"

妈妈:"……"

此地无银三百两

第五章

情绪发展与教育

章节体系架构

5–1 情绪的意义、构成要素和特征

5–2 情绪发展的理论

5–3 情绪智力的意义与内涵理论

5–4 学生情绪问题与辅导方式

5–5 教师情绪问题与心理卫生

5-1　情绪的意义、构成要素和特征

一、情绪的意义

情绪（emotion）是一种心理活动，人们时常通过喜、怒、哀、乐等情绪反应来表达心里的感受。

情绪可以分为与生俱来的"基本情绪"和后天习得的"复杂情绪"。基本情绪和原始人类的生存息息相关，例如：对于喜悦、愤怒、悲伤、恐惧、厌恶、惊奇等情绪，所有人表达的方法都相似，也都能被其他人所理解。复杂情绪则必须通过与他人之间的交流才能学习到，也就是说某些情绪只有在特定的文化或社会条件下才会产生，如窘迫、内疚、害羞、骄傲等。

容易和情绪混淆的概念：如"感觉"（feelings）是指对外在客观事物（声音、颜色、气味等）的反映，并不是内在主观认知的反映。再如，"心情"（moods）延续的时间比情绪更长。又如，"情感"（affect）比情绪更温和，会影响的大多只是心理层面，但情绪引起的身心状态较强烈，会影响整体的生理和心理层面。这些概念的相同点是，都是指个体因刺激而引起的身心状态。

综合来说，情绪是一种个人的主观认知经验，它是由多种感觉、思想和行为综合产生的心理和生理状态。最普遍的情绪有喜、怒、哀、惊、恐、爱等；另外，还有一些细腻微妙的情绪，如嫉妒、惭愧、羞耻、自豪等。

二、情绪的构成要素

认知评估：是指个体被外界发生的刺激（人、事、物）触发的情绪反应。例如：看到心爱的猫、狗死亡，觉得这是一件具有重要意义的负面事件。

身体反应：生理上自动产生反应。例如：意识到宠物死亡无法挽回，感到全身乏力。

感受：可以察觉到的情感变化。例如：悲伤。

表达：通过脸部和声音产生变化来向周围的人传达自己的情绪。例如：紧皱眉头、嘴角向下、哭泣。

行动的倾向：情绪会产生动机。例如：悲伤的时候希望找人倾诉，愤怒时会做一些平常不会做的事。

三、情绪的特征

（一）喜悦状态

人们一方面会接受他人的爱与情感，另一方面也会学习如何表达与付出爱与情感。

（二）抑制状态

1.恐惧

对事物与自然现象的恐惧，如昆虫、蛇、暴风雨、火等；对自我相关事件的恐惧，如学业失败、做错事等；对社会关系的恐惧，如孤独等；不知名的恐惧，如超自然现象等。

2.焦虑

焦虑是一种不愉快的情绪感觉，个体会表现出心跳加快、血压增高、肠胃不适等现象。焦虑的原因：缺乏生理需求的满足；缺乏心理需求的满足。

（三）敌意状态

会表现出攻击、怀疑、暴躁、怨恨、嫉妒等行为，容易与他人产生冲突。会因能力不足、挫折或错误，对自己感到愤怒，并产生发脾气、攻击或反抗行为。

通过绘本教导孩子认识自己的各种情绪

当孩子失落时，会突然发怒、摔东西、一言不发，或是哭得很伤心，但是却不知道该如何处理自己的情绪。还有一个令人头疼的情况，由于现今独生子女和隔代教养的关系，许多孩子凡事以"我"为主，少有与其他孩子互动和分享的机会，很容易教养出自私的小霸王。如何安抚孩子情绪、转移注意力？如何带着孩子认识各种感觉，并学会接受和消化自己的情绪？阅读绘本童书就是一个好方法，通过亲切的漫画式插图、幽默的文字和有趣的情节，让孩子在笑声中认识各种感觉，像是听见别人被赞美，心里产生嫉妒，或是面对小宠物死亡的悲伤等。

第五章　情绪发展与教育

5-2 情绪发展的理论

一、儿童情绪分化理论

新生儿的情绪是笼统的，约1岁后逐渐分化，2岁左右出现基本情绪。

（一）布里奇思（Bridges）的主张

新生儿只会皱眉和哭泣，3个月后，其情绪已分化为快乐和痛苦，6个月后，痛苦又分化为愤怒、厌恶和恐惧，12个月后，快乐又分化为高兴和喜爱。

（二）伊扎德（Izard）的主张

随着年龄增长和脑的发育，儿童的情绪也逐渐分化。主要会形成9种基本情绪：愉快、惊奇、悲伤、愤怒、厌恶、惧怕、兴趣、轻蔑、痛苦，以上每一种情绪都有相对应的脸部表情模式。

二、情绪心理理论

当负面情绪产生，个人会产生不愉快的感受，一方面会影响个人内在生理变化，造成心理冲突，另一方面也会引发个人生理疾病或心理适应不佳，进而影响到日常生活、学习效率和人际关系。

美国心理学家詹姆斯（W. James）于1884年最早对情绪变化提出系统化的解释，他认为情绪的发生顺序是由个体先知觉到外在刺激而引发生理变化，再经由生理变化产生情绪反应。

丹麦心理学家兰格（C. Lange）发表了相似的理论，称为"詹姆斯-兰格情绪理论"。这一理论主张："当身体产生（生理）变化时，我们感受到这些变化，这就是情绪。"

美国生理学家坎农（W. B. Cannon）与巴德（P. Bard）提出"坎农-巴德情绪理论"，他们认为情绪反应与生理变化两者几乎可以说是同时产生的，并且受到位于大脑皮质的视丘所控制，而情绪反应主要是起因于对刺激情境的觉知。因此，若能控制感官刺激的类别与强烈程度，将有助于改善情绪反应。

三、情绪的认知评估理论

沙赫特（Schachter）和辛格（Singer）提出情绪经验不是因为自主神经的兴奋（如心脏剧烈跳动），而是在于个人了解和解释这个自主神经兴奋的原因，并以当时所处情境的认知来加以判断。换句话说，任何一个外界刺激都有可能引起相同的生理反应（如心脏剧烈跳动），但究竟是害怕或愤怒？这要取决于个人认知归因的过程，例如：当他遇见熊，他把心脏剧烈跳动归因于恐惧，于是逃跑；当他被别人羞辱后，他把心脏剧烈跳动归因于愤怒，于是气到发抖。

拉扎勒斯（R. Lazarus）主张情绪发生的第一个步骤就是认知评估，因此个人在认知与行为上的改变，可视为情绪管理与调适的重要策略。另外，理情治疗学派学者艾利斯（Ellis）认为情绪源于想法和态度，引发情绪的不是事件本身，而是个人对事件的看法或内在自我语言。唯有转化负面的思考和情绪，才能促使个人生活和情绪稳定。

四、情绪的行为主义理论

这个学派的学者认为情绪困扰与问题行为都可以通过学习加以控制、修正或改善。

詹姆斯－兰格情绪理论

有些人认为情绪激发行动，我们哭泣是因为难过，逃跑是因为害怕。"詹姆斯–兰格理论"则提出相反的解读，他们认为刺激引发自主神经系统的活动，产生生理状态上的改变，生理上的反应导致了情绪。

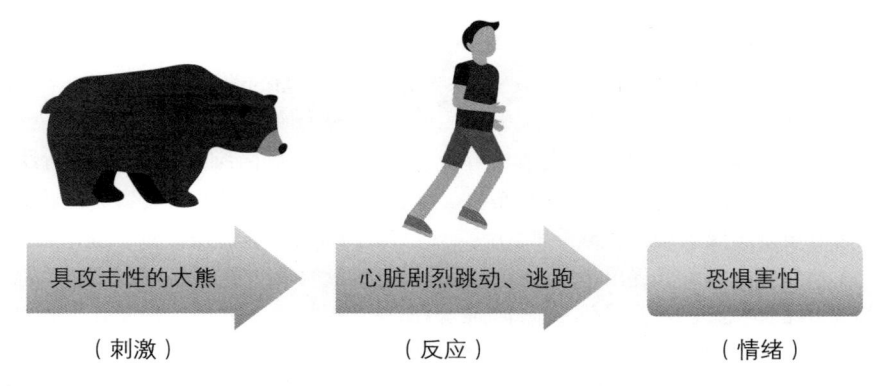

具攻击性的大熊（刺激）→ 心脏剧烈跳动、逃跑（反应）→ 恐惧害怕（情绪）

情绪的认知评估理论

同样是心脏剧烈跳动的生理反应，个人的情绪取决于认知归因，当他归因于大熊则感到恐惧，当他归因于赛跑则感到兴奋。

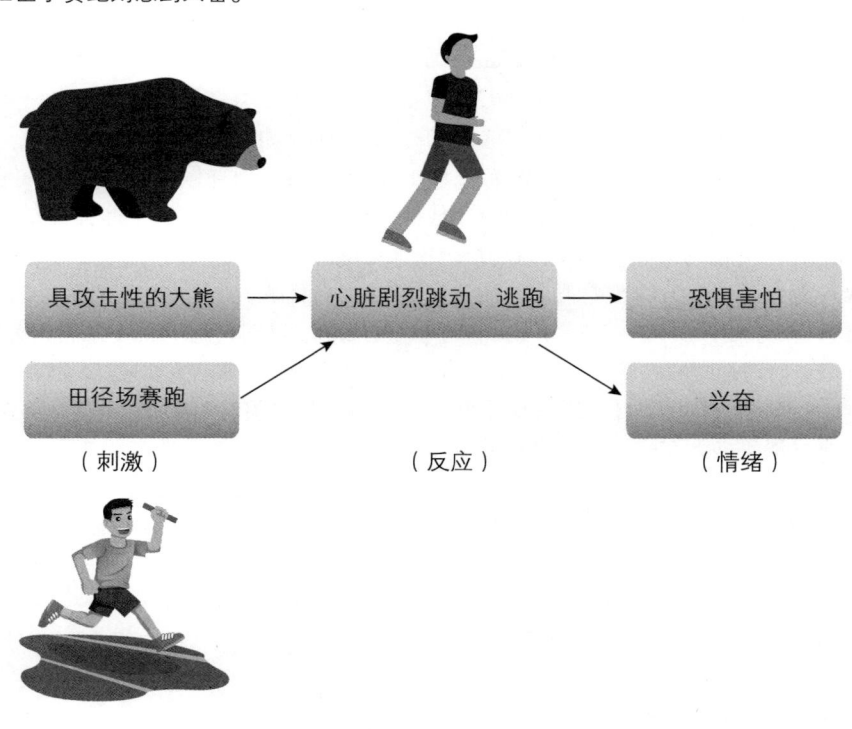

具攻击性的大熊 / 田径场赛跑（刺激）→ 心脏剧烈跳动、逃跑（反应）→ 恐惧害怕 / 兴奋（情绪）

5-3 情绪智力的意义与内涵理论

一、情绪智力及其内涵

（一）情绪智力源自商管领域

情绪智力（emotional intelligence）的概念源自商业管理领域，原来是指经理人了解和控制自己及周围同事情感的能力，它是决定企业能否有更好绩效表现的关键要素。

（二）情绪智力概念的提出

情绪智力的概念是由美国学者萨洛维（Salove）和玛伊尔（Mayer）提出的，定义是："个体监控自己及他人的情绪和情感，并识别、利用这些信息来指导自己的思想和行为的能力。"即懂得识别和理解自己及他人的情绪状态，并加以运用来解决问题和调节行为的能力。

哈佛大学的心理学家戈尔曼（D. Goleman）在1995年出版《情绪智力》（*Emotional Intelligence*）一书，说明一个人在情绪上的智慧能力，他认为人生有80%的成就受E.I.影响，只有20%的成就受I.Q.（智力）影响。他认为人类的自我意识、自我约束、毅力和专注投入等能力对一个人的影响很大，而且比智力更为重要。

（三）情绪智力的内涵

E.I.可经由后天的学习和经验而不断提高，而非只依赖先天遗传，它不是在儿童早期阶段就已发展定型的。

E.I.与成熟因素有关，因为随着个体越来越善于调控自己的情绪和冲动，就更善于激励自己，同时也增进了社交技巧。

E.I.并不存在性别差异。无论是男性还是女性，在E.I.上均有其长处，也有其不足。例如：有些人虽富有同情心，却缺乏处理自己苦恼的能力；而有些人虽能敏锐地意识到自己情绪的变化，但对他人的情绪反应却常视若无睹。

二、情绪智力的理论

（一）情绪智力的理论模型

其一是萨洛维和玛伊尔的情绪智力理论；其二是戈尔曼的情绪智力理论；其三是巴昂（Bar-On）的情绪智力理论，他对情绪智力和社会智力进行区分，把情绪智力视为个人管理能力，如冲动控制，而把社会智力视为人际关系技能。

（二）情绪智商的五大内涵（角度）

认识自身情绪的能力：能认识自己的感觉、情绪、情感、动机、性格、欲望和基本的价值观等，并以此作为行动的依据。例如：考试求好心切，告诉自己一定要拿高分。

妥善管理自身情绪的能力：是指对自己的快乐、愤怒、恐惧、爱、厌恶、悲伤等，能够自我认识并做好情绪调整。例如：数学习题一直做不出来，于是自我安慰，让自己烦躁的心安定下来。

自我激励的能力：是指面对自己想要实现的目标，随时自我鞭策，始终保持高度热忱。换句话说，经常自我肯定，越挫越勇，充满正面的学习态度，让自己的情绪保持奋发向上。

同理心和控制冲突的能力：是指对他人的各种感受，能设身处地地加以了解，并做出适宜的反应。例如：在人际交往中，善于从对方的语言、语调、语气、表情、手势、姿势等来作判断。

人际关系的管理技巧：是指善解人意，善于体察他人的内心感受和动机想法。这种人与任何人相处都愉悦自在，能在同伴之间互助互勉，能做到在心理上获得认同和归属感。

➕ 知识补充站

戈尔曼在1998年以后很少使用情绪智力一词，而是用情绪胜任力（emotional competence）来代替，并提出情绪胜任力的理论架构。

戈尔曼的情绪胜任力理论架构如下：

情绪胜任力				
自我意识	自我调节	自我激励	同理心	社交技巧
・能了解自己的情绪及可能产生的结果 ・能准确地自我评估 ・能知晓自己的长处和弱点 ・对自己价值和能力有所肯定	・自控力：控制情绪和冲动的能力 ・诚信：能保持诚实、有信用 ・职业道德：对自己的工作肯负责任 ・适应力：对环境改变能做出灵活应对 ・创新精神：乐于接受新观点、新方法的挑战	・成就动机：努力提高或符合优秀的标准 ・责任感：与群体的目标保持一致 ・主动性：随时把握住机会 ・乐观：越挫越勇，坚持追求理想目标	・善解人意：能觉察他人感情，理解他人的观点 ・服务定向：能预先觉察和满足他人的需要 ・提携他人：能觉察他人的发展需要，并培养所需要的能力 ・集思广益：能通过不同的人创造机遇 ・政治敏锐力：能觉察群体的情绪倾向和力量关系	・感召力：能有效地影响或说服他人 ・交流：能准确无误地表达信息 ・领导能力：能鼓励和引导群体 ・促变能力：引发改变或控制变化 ・控制冲突：能沟通和解决分歧 ・凝聚力：能培养和谐的人际关系 ・合作：能与他人齐心协力，实现共同的目标 ・团队协调能力：能发挥群体效应，追求集体目标

5-4 学生情绪问题与辅导方式

一、儿童的情绪反应和问题

一般来说，儿童很难有效地控制情绪，常会大哭大笑，会随着注意力转移而改变情绪。儿童害怕时，有的会哭，有的会躲起来，有的却不露形色。此外，他们出现强烈的情绪反应时，会直接表现在不良习惯或症状上，如咬指甲、胃口欠佳、睡不安宁、小便次数增多、退行等。

二、青少年的情绪反应和问题

青少年常会焦虑、烦恼，尤其当面对升学压力和就业问题，对未来生活没有目标时，最容易出现各种情绪困扰问题。有时因为受到外界太多诱惑，造成注意力涣散、爱做白日梦；或是因生理变化而血气方刚，容易有暴力倾向。

三、情绪教育的辅导方式

（一）一般的辅导策略

多鼓励以及赞美，发展愉快的情绪；父母和教师要以身作则，示范良好的情绪行为；积极维护儿童身心健康及正常生活作息；鼓励适度的情绪宣泄，并学习表达内在的感觉；平时多培养兴趣爱好，转移不当的情绪。

（二）特殊的辅导策略

系统脱敏法：帮助儿童放松身体，并循序渐进地克服焦虑或恐惧。

认知方法：分析认知与情绪的关联性，再以理性取代非理性的情绪。

操作条件法：应用强化、消退、行为塑造等操作条件方法，消除或减弱儿童的不当情绪。

社会技巧或理情教育训练，训练课程包括：认识自己的情绪；表达自己的情感；了解他人的感受；处理他人的愤怒，了解他人为何生气；适时表达情感，使他人知道你关心他；懂得处理恐惧，害怕时会找出原因并加以处理；自己表现良好时，能奖赏自己；引导学生自己拟订解决情绪问题的方案及策略，并加以执行。

（三）情绪卡活动

目前有许多中小学教师喜欢使用情绪卡活动来转换学生的情绪。教师可借由学生挑出或排列出的卡片，经由改变卡片排列的方式去改变学生的情绪，逐步引导学生拥有正向的情绪。

四、情绪教育与学生心理卫生

学生情绪上的不稳定，自我意识过度强烈，会让自己产生焦虑和压力，进而发生集体脱轨行为、吸食毒品、企图自杀等。为预防心理问题和正面引导学生心理卫生，可以采取以下做法：

让学生对生活有乐趣，具有幸福感，能以喜悦心情面对和处理每日的问题。

让学生有自信心，拥有安定的情绪，能遇到变故也不惊慌失措。

对自己的学习有热忱，愿意全力以赴，发挥自己最大的能力。

能控制自己的欲望，与他人和谐相处、协同合作，建立信赖关系。

运用情绪卡处理情绪问题

【事件的开始】

班上的孩子最爱玩"鬼抓人"的游戏,但屡屡传出有人因为"不想当鬼"而伤了和气的事件,不是有人懊恼地跑来跟老师打小报告,就是双方大打出手。

【冷静的思考】

面对这样的情形,老师不要火冒三丈,然后把打人的孩子大骂一顿。而是要开始思考,如何彻底解决这些争执?如何让孩子知道,当遇到自己不愿意做,但又非得做的事情时,应该如何思考?

【引入情绪卡】

一、拉出生活经验。例如老师可以询问学生:"什么事情是我们不想做,却又必须去做的?哪些事情是一定要选一个人出来做的?"

二、想出解决方式。例如老师可以询问学生:"我们可以用什么办法来决定,是谁去做这件事?"

三、解析负面情绪。例如老师可以询问学生:"如果你猜拳输了一定得当鬼,或是抽签抽到必须倒垃圾,你的心里有什么感觉?"然后请学生选出心里的情绪贴在黑板上。

四、思考表白。例如老师可以询问学生:"你知道被选到当鬼的人心情这么不好,你想跟他说什么话?你建议他怎么做比较好呢?"

【温暖的收尾】

让孩子借由讨论的过程,厘清自己面对失望的负面情绪,也清楚了解面对这些情绪时的具体做法。最后,老师也可以私下找来打人的孩子聊聊心里话。

情绪卡词汇

兴奋	快乐	惊喜	高兴	自由	愉快	渴望	得意
安心	满足	期待	羡慕	开心	舒服	信心	坚强
幸福	平静	亲密	宽恕	轻松	尴尬	好奇	焦虑
着急	害怕	烦恼	担忧	担心	恐惧	恐怖	愤怒
生气	难过	内疚	委屈	忧愁	厌恶	惊吓	崩溃
痛苦	自责	罪恶	后悔	困惑	浮躁	慌乱	挫折
压力	紧张	郁卒	茫然	失落	无力	无助	无奈
失望	自卑	疲惫	哀怨	哀伤	孤独	寂寞	空虚
麻木	疏离	嫉妒	怨恨	怜悯	悲哀	骄傲	羞愧
心烦	害羞	慵懒	惊慌				

5-5 教师情绪问题与心理卫生

一、教师心理卫生

身为教师，常要同时面对来自行政、家长和学生三方面的问题，这些问题自然也会带来压力，对教师产生诸多影响。因此，教师情绪管理、职业生涯挫折和教学表现之间关系密切。换言之，教师情绪管理得当，生理心理健康，也能促使教学质量提升。如果教师压力和负面情绪没有得到适当排解，就容易引发师生、家校和同事之间的冲突，不但影响学生受教育的权利，也会降低教学效能。

二、教师职业生涯挫折

教师职业生涯挫折是指在职教师在学校和教学场域所遭遇的挫折，并由此使教师产生适应问题。其来源有五方面：

社会因素：社会变迁引发教育改革，现今教师专业也备受家长和社会人士审视，甚至连"尊师重道"的社会价值观也已动摇，加上少子女化现象使教师供过于求，可能会使教师因为超额而被迫面临调职或离职的窘境，产生莫大压力。

学校行政因素：教师除了教学工作外，尚需处理许多行政业务，并支援学生辅导管教工作，因而会有情绪压力。

师生互动因素：教师的领导方式、教学风格和班级管理会影响到学生的人格发展及学习动机等。然而，一旦师生互动不佳就有可能造成教师挫折。

工作负荷因素：教师要扮演学生的辅导者、父母代理人和学校行政执行者等多重角色，过程中容易遇到阻碍并引发挫折感。

人际关系因素：教学工作除了接触校内教职同仁、学生和家长外，有时还要和社区人士保持良好互动。如果教师无法和周遭的利益相关者做有效沟通并争取支持认同，就会造成其情绪困扰，进而产生挫折。

三、教师情绪管理的重要性

个人具备良好的情绪管理能力，方能在面对问题困境时，将负向情绪转化为正向情绪。

能妥善管理情绪就比较容易有好的工作表现，也比较容易找到工作乐趣，愿意在工作中承受挫折与挑战，进而建立起自信心和自我价值感，最终迈向自我实现的人生。

情绪管理能增进良好的人际关系，这是因为情绪表达是人际互动的媒介，也是人与人之间的润滑剂。

四、教师情绪管理的建议做法

教师必须学会思考及分析问题，掌控自己的情绪，并维持正向思考和积极态度，培养问题解决的能力。

教师能有效处理自我和人际的情绪，能胜任繁重的课务和行政工作，使自己成为高效能的教师。

现今家庭功能不良，加上社会环境的负面影响，导致许多学生产生行为偏差，这也会造成教师在辅导与管教学生时倍感压力，甚至产生无力感。因此，学校应主动出击，策划组织亲职教育讲座、提供教养子女的知识技能，以健全家庭教育功能。

学校行政运作相互支援，并提供教师纾解工作压力和情绪的渠道。也应改善教师的教学环境，尽量免除教学以外的行政负担，让教师可以专注于教学工作，进而提升教学专业能力。

促进教师心理卫生的建议

- 富有教育爱,从教育工作中获得成就和自我实现
- 了解学生需求,善于运用各种教学技巧来提升教学效能
- 善用时间进行进修和自我成长,提高自我价值感
- 认清教师的角色和能力,具有良好的情绪管理能力
- 体认"成就每一个孩子"的信念,并拥有健康的身体

教师扮演的11种角色

1. 关怀的角色:教师要具有人文精神与良好的情绪特质。
2. 鼓励的角色:教师同伴间要彼此沟通、互动及成长。
3. 互补的角色:与家长成为教育搭档,提供互惠支持。
4. 给予的角色:明了学生的个别性和多样性,提供健全人格发展的情境。
5. 促进的角色:成为学生学习的促进者。
6. 实验的角色:教师是研究者。
7. 创造的角色:教师是课程开发者。
8. 计划的角色:教师是行政人员。
9. 胸怀大志的角色:寻求专业发展。
10. 解决问题的角色:教师是决策者。
11. 挑战的角色:教师是专业领导者。

第六章

语言发展与教育

章节体系架构

6-1 语言发展的基本概念

6-2 语言发展的历程

6-3 语言发展的理论

6-4 语言发展与教育

6-1 语言发展的基本概念

一、语言的意义

语言是人与人沟通的媒介。

语言是一种"符号"系统，包括语音、语意、语法、语用等。

语言是人类特有的信息工具，能够传递给下一代，但不同区域、民族所使用的语言不同，语言还会受到社会阶层、职业、年龄、性别的影响。

二、语言的重要性

语言具有人际沟通的功能，可以作为人与人交往、交换信息的工具。

语言可以成为人类思维的工具，语言可以用来思考问题。

三、语言的特征

语音：辨别音调、韵母和声母的能力。

语意：由单词到延伸意义，再到表达个体概念的能力。

语法：能按一定的法则排列句子，用以表达出一个完整的意义。

语用：能在适当的场合说适当的话，或根据不同对象调整说话内容。

四、语言的特性

创造性：人类可以用有限的字来组合成无限的句子。

结构性：语言的结构原则是一个正常人自然使用的规则。

意义性：每个字都会代表一个意义、想法、动作或概念。

指示性：语言可以用来形容周遭环境中的人、事、物。

沟通性：说话的人要知道在什么场合说哪些话才恰当。

五、语言结构的阶层

（一）语言的结构

语言的最小知觉单位是"音素"（第一层），第二层是"词素"，第三层是"字"，第四层是"词组"，第五层是"句子"。

（二）语言的信息处理过程

在了解一句话时，我们会先听到声音（音素），在长时记忆中检索和语音相配的单字（词素），然后将单字组合成句子，再译码（使文字符号具有意义化），最后了解语意，这就是自下而上（bottom-up）的处理过程。人们在阅读理解过程中，除了发生自下而上的过程，也会发生自上而下（top-down）的交互过程。

六、语言发展的意义

指人类学习语言、运用语言的能力，随年龄和经验而增长的过程。

人类早在婴儿期就开始学语言表达，也学习语言理解。

七、语言发展与学习

语言有助于儿童的社会化，有助于理解他人的意思或表达自己的意思。

语言有利于儿童学习社会行为，当儿童学会听和说，就能懂得如何适应社会，调整自己的情绪和行动。

语言可促进儿童认知能力的发展，包括观察、记忆、想象、判断和推理等。

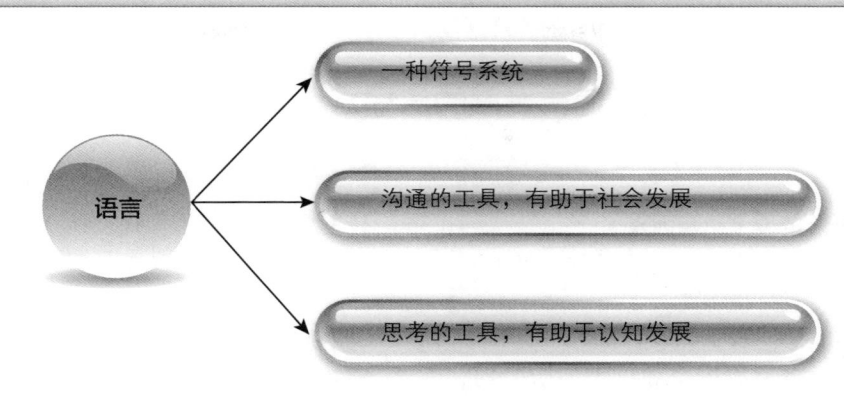

语言 → 一种符号系统
　　　→ 沟通的工具，有助于社会发展
　　　→ 思考的工具，有助于认知发展

语言结构的阶层

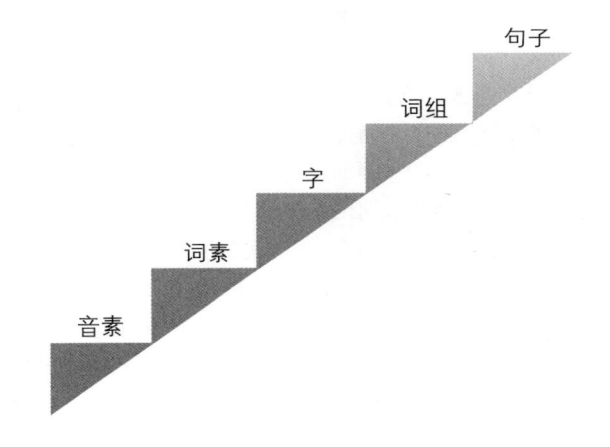

音素 → 词素 → 字 → 词组 → 句子

＋ 知识补充站

字的意义——定义理论和典型理论

　　字的意义是由一些基本的特征、特色或观念所组合而成的，例如：凡是符合鸟的充分且必要条件（有羽毛、会飞、会生蛋、吱吱喳喳叫）的才算是鸟（如麻雀），这是定义理论。但有些不会飞、不吱吱喳喳叫的也是鸟（如鸵鸟），是因为它具有比较少的鸟的特征（看起来比较不像鸟），这是典型理论。定义理论告诉我们为何鸵鸟不像鸟但它还是鸟，典型理论帮助我们了解为何有的鸟比别的鸟更像鸟。

典型的鸟　　　　　看起来不太像鸟

第六章　语言发展与教育

6-2 语言发展的历程

一、语言发展的两个影响因素

语言发展一方面是天生自然的,另一方面与后天的生长环境有关。

(一)语言发展是天生的

例如:一个从来没有接触过手语的聋儿或盲童,他仍会自己发展出一些手势来表达自己的意思,而且这些手势多半是别人一看就懂的。

(二)语言发展源自社交与人际交流

例如:刚出生不久的婴儿会与照顾者通过交换眼神、抚摸和接触来到沟通目的,等到长大一点,则会通过模仿和父母的强化、纠正来习得语言,这些社会行为就是语言学习的主要来源。

二、语言发展的几个重要阶段

(一)发音时期:0~1岁

又称"牙牙学语期",语言发展重点在于发音练习及了解他人的话。

妈妈式的说话方式(说话时语调高、速度慢、语调会故意加重)能帮助婴儿区分词组或句子的范围及起始点。

婴儿最早发出的音是"dada"及"baba"。

(二)单字句期:1~1.5岁

在该时期婴儿能了解发出声音的意义,并能有意识地表达自己的意思。

具有以下四项特征:

①以单字代表整句话的意思,例如:叫"妈妈"代表"妈妈抱我"。

②婴儿早期学习的单字句以他周围会动的、看得见的东西为主,但仍缺乏功能字,例如:球球。

③常以物的声音代表名称,例如:"噗噗"代表汽车,"汪汪"代表狗。

④常发出重叠的声音,例如:狗狗、糖糖。

(三)多字句期:1.5~2岁

幼儿发展出双字语句、多字语句,可以用2个字(或以上)的句子来表达自己的意思,但多半模棱两可,语意不清楚。

具有以下三项特征:

①喜欢问物品所代表的名称。

②语句内容松散,例如:"妈妈—糖"代表"妈妈,我要吃糖"。

③语句中以名词最多,逐渐增加动词,再次为形容词。

(四)文法期:2~2.5岁

幼儿已能注意说话的文法,可以说出一个简单的句子。幼儿已能使用代名词"你、我、他"。父母适合说简单的生活故事给幼儿听,并教导孩子吟唱儿歌。

(五)复句期:2.5~3.5岁

幼儿已能讲两个平行的句子。幼儿在好奇心的驱使下,会喜欢对不熟悉的事物问"是什么?""为什么?"。

(六)完成期:4~6岁

幼儿已能完整表达语言。

第六章 语言发展与教育

> 谁知道当宝宝指着小白兔说"兔兔",到底指的是兔耳朵?兔脚?兔子?还是兔子加上草地?

兔兔!

→ 兔子加草地
→ 兔子
→ 兔脚
→ 兔耳朵

+ 知识补充站

连言概念和选言概念

概念是指个体对于具有同类属性的事物所获得的概括性单一经验,"连言概念"是指概念中的属性可用相连的方式来说明,具有两种或两种以上的特征,例如:毛笔是用毛做成的笔,可以用来写字;"选言概念"是指概念中的属性组合可用二选一或二者兼具的方式来说明,例如:好球是指得分的球,或是指完整没有毁坏的球。

075

6-3 语言发展的理论

一、语言天赋论

（一）代表人物
乔姆斯基（N. Chomsky）。

（二）观点
认为人类生而具有语言学习的天赋能力，而语言发展的影响因素是成熟。

（三）语言的两个层次
语言能力：只要语言器官正常，每个人就都有相同的语言能力，都能理解语言结构的形、音、义。

语言表现：受到记忆和后天环境的影响，每个人的语言表现不同。

（四）语言的两种结构
表层结构：是指一个句子的外在形式。例如："他打我"，主语+谓语+宾语。

深层结构：是指一个句子的内在含义。例如："他给我打"，听到这个句子的人可能会理解成"他被我打"，或是"他打了我"，这个句子便成为一个模棱两可的句子。

（五）限制
语言天赋论不能解释语言能力上有个别差异的事实，例如：汉语、日语、英语、德语、法语的语法结构不同，所以不可能只学会一种语法，就可以用来表达另一种语言。

二、行为学习论（经验论）

（一）观点
语言发展是行为条件的历程，因强化作用而引发。

（二）语言发展的理论
1.操作学习理论

根据行为主义心理学家斯金纳的操作条件学习原理，幼儿可经由行为条件、强化、泛化、分化和消退，获得语言技能。

①指物命名：父母会教导幼儿建立物与名之间的条件关系。

②无目的声音组合：7~8个月的婴儿发出"baba""mama"的声音，不是因为会喊爸爸或妈妈，只有经过父母适时的强化，才能逐渐学会"baba""mama"的意义。

2.社会学习理论

根据美国心理学家班杜拉的观察（或模仿）学习原理，儿童会通过模仿父母或其他亲人而习得语言。

三、认知学习论

（一）观点
语言发展是个体在周围环境与认知结构互动下的产物。

（二）代表人物
1.维果茨基的语言发展论

维果茨基提出2岁左右的幼儿会出现"自我语言"（类似喃喃自语／独白），它可以引导并调和思考与行为，促进认知发展，因此教学者应协助学生发展语言能力，成为"脚手架"来促进学习。

2.沃尔夫的语言相对假说

沃尔夫（Whorf）认为人类的思考、经验和认知都受到语言的影响。例如：不同族群会使用不同结构的语言，引导出不同的思考方式，结果对相同事物会有不同的解释观点。

```
              语言天赋论
              ↙        ↘
         语言能力      语言表现
            ↓            ↓
        大家都一样    人人各不相同
                      ↑      ↑
                  受记忆影响  受环境影响
```

他给我打！

他被我打！ ？？

他打了我！

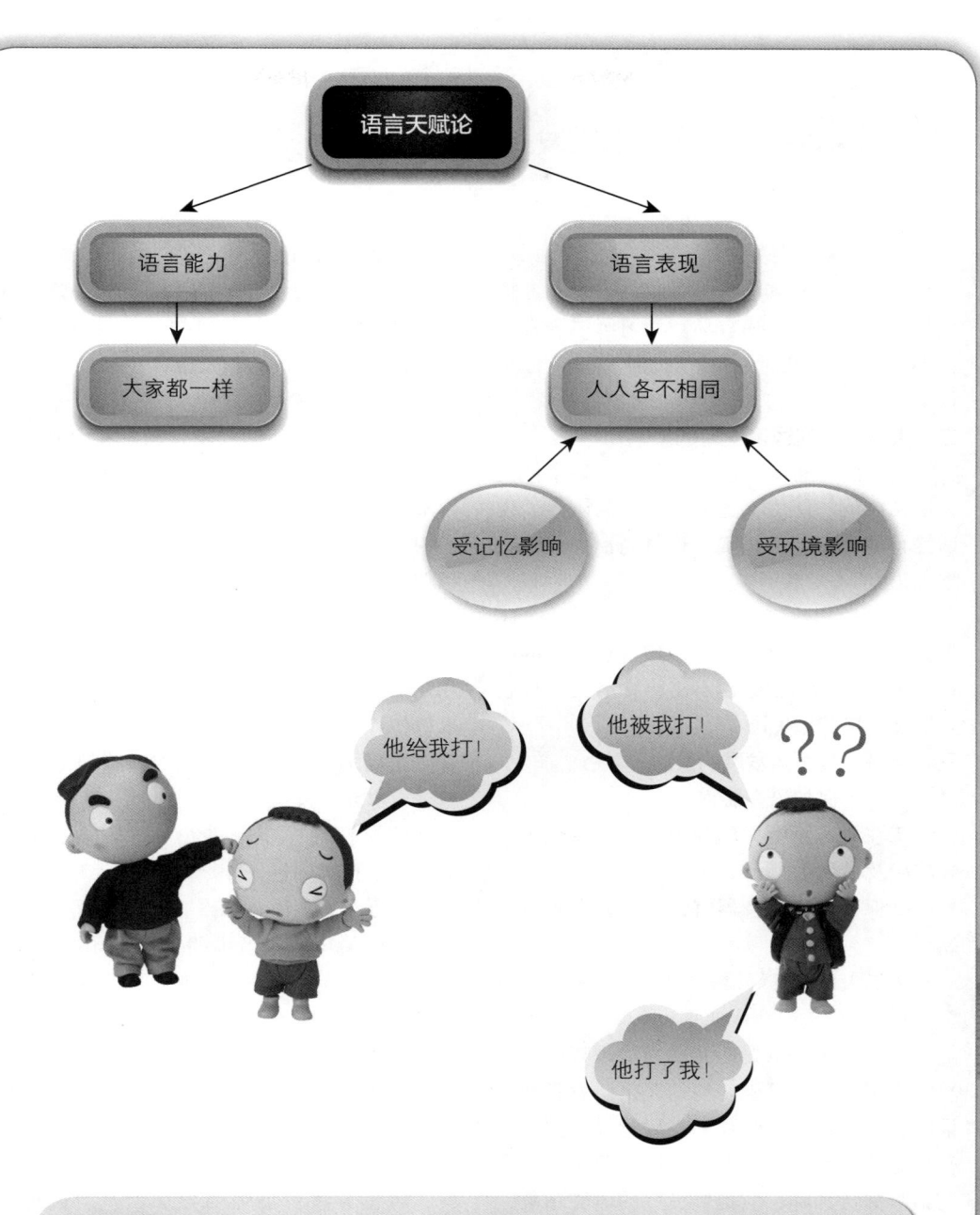

+ 知识补充站

语言学习的脉络效果

　　脉络效果是指个体对一个字的辨识速度和准确度，会受到这个字在句子中脉络的影响，它可以显示出阅读者的语意理解程度，例如：小学生在学习语文时，经常可以通过前后文的内容来推论一个新词的意义。

6-4　语言发展与教育

一、语言发展具有关键期
人在幼年时期会有一段时间对语言特别敏感，学习语言最容易。学习第二语言，初期是成人比儿童有效率，但时间一久则相反。

二、大脑受伤对语言学习的影响
大脑的"布罗卡区"受伤会导致个体失去用功能词的能力，造成说话上的困难，说话慢且经常发音不正确，也就是罹患"表达型失语症"。

大脑的"威尔尼克区"受伤会导致个体失去用内容词的能力，造成理解意义上的困难，说话流利却常会说不出事物名称，也就是罹患"接受型失语症"。

三、增进儿童语言发展的做法

（一）保护语言器官
①注意儿童听力的保护，一旦发现听力缺陷应及早就医。
②保护儿童发音器官，避免其上呼吸道感染。

（二）创造良好语言环境

1.亲子间的语言沟通
父母从小提供婴幼儿适当的语言刺激，奠定学习语言的基础。当幼儿模仿发音和说话时，父母要给予强化和正确指导。父母要营造温馨、无威胁的家庭氛围，要倾听儿童的话。父母和师长应提供良好的语言示范，说话声调大小要适中。

2.同伴间的语言沟通
角色扮演游戏是学习语言的良好方法。同伴一起游戏或合作完成一项活动有助于语言沟通和互相学习。

3.师生间的语言沟通
教师在语言教学活动中，应正确指导并鼓励儿童使用语言。教师要营造融洽的学习情境，引导学生说话和表达。

（三）丰富语言材料
丰富儿童的生活经验，激发儿童使用语言来表达感受的能力。多为儿童讲故事，培养"听"和"说"的能力，也能促进亲子关系。多为儿童提供图画书或绘本，培养儿童阅读的兴趣。

（四）语言教学原则
直观教学：教导儿童认识新词、语法和用语时，要结合具体的直观材料，切勿只要求机械式地背诵。

正确示范：家长和教师要提供正确的示范，以供儿童模仿。

练习指导：多提供儿童练习语言的机会，以及正确的指导。

（五）矫正语言障碍
构音障碍：构音障碍常出现于4岁前，有时5~6岁也会发生。常见的构音障碍有："丢音"（丢掉组成音节的几个音之一，例如，"姥姥"说成"袄袄"）、"换音"（用一个音代替正确的音，例如，"兰"代替"男"）、"错音"（发某些音会出现错误或混淆）。

矫正方法：加强引导和示范，例如：让儿童注意发音的口形，讲解正确的发音方法，纠正不良的说话习惯。

+ 知识补充站

声母（子音）z, c, s

这些是舌尖前音：发音时，舌尖向前放在上下牙齿之间。

【z】发音练习时，手掌放在离嘴巴一厘米处，没有感觉到气出来。

【c】发音练习时，手掌放在离嘴巴一厘米处，有感觉到气出来。

【s】发音练习时，手掌放在离嘴巴一厘米处，没有感觉到气出来。

声母（子音）zh, ch, sh, r

这些是舌尖后音：发音时，舌尖向上放在牙齿与牙龈之间。

【zh】发音练习时，手掌放在离嘴巴一厘米处，没有感觉到气出来。

【ch】发音练习时，手掌放在离嘴巴一厘米处，有感觉到气出来。

【sh】发音练习时，手掌放在离嘴巴一厘米处，没有感觉到气出来。

【r】发音练习时，手掌放在离嘴巴一厘米处，没有感觉到气出来。

双唇音	唇齿音	舌尖中音
舌根音	舌齿音	舌尖唇音
舌尖前音		

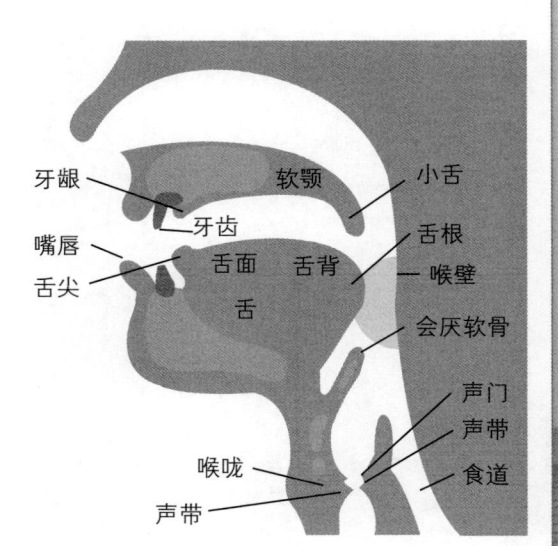

发音器官图标注：牙龈、软颚、小舌、牙齿、嘴唇、舌尖、舌面、舌背、舌根、喉壁、舌、会厌软骨、喉咙、声门、声带、食道、声带

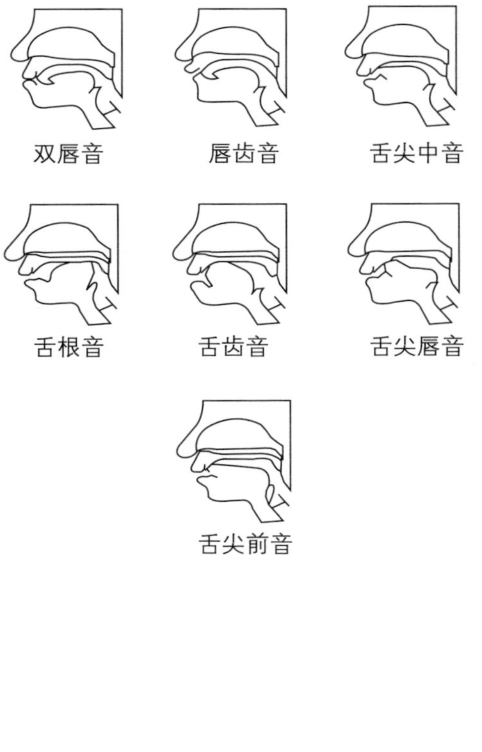

第七章

智力发展与教育

章节体系架构

- 7-1 智力的定义与影响因素
- 7-2 智力发展的理论（一）
- 7-3 智力发展的理论（二）
- 7-4 智力测验的发展与类型（一）
- 7-5 智力测验的发展与类型（二）
- 7-6 智力发展与教育
- 7-7 思考发展与教育
- 7-8 创造力发展与教育（一）
- 7-9 创造力发展与教育（二）

7-1 智力的定义与影响因素

一、智力的定义

（一）综合性定义

智力（intelligence）是一种综合性的心理能力，由个体先天能力（遗传）与后天环境（适应）交互作用所产生。

（二）概念性定义

倾向于天赋的潜在能力，较难测量。包含以下三类：

第一，适应环境的能力：智力高者到新环境比较能随机应变。

第二，学习知识的能力：智力高者学习速度快，学习效果佳。

第三，抽象思考的能力：智力高者能运用抽象思考来解决问题。

（三）操作性定义

是指运用智力测验所测得的能力，即智力商数（intelligence quotient，I.Q.）。

二、智力的相关概念

智力不是智慧（wisdom），也不等同于智商。智慧属于社会历练，会随着年龄和经验而成长，智商则是代表智力的一种指标。

智力不代表创造力，高智力者未必有高创造力，但高创造力者至少需具备中等的智力。

不应过度相信智力与学业成就之间的关联性。

情绪智力：美国心理学家戈尔曼出版《情绪智力》（Emotional Quotient，简称E.Q.）一书，它是相对于I.Q.（智力商数）而创造出来的名词。一般可将情绪智力分为五类：认识自身的情绪、妥善管理情绪、自我激励、认知他人的情绪及人际关系的管理。

E.Q.的重要性表现在生活的各个层面，也会影响个人与他人之间的关系，甚至会影响学业及工作表现。这是因为一个人若能敏锐地察觉自己及他人的情绪，坦诚面对自己的负面感受，同理对方的感受，不任意批评他人，并且将生活中的困境视为合理的挑战，那么他就容易与他人保持良好的关系，能够得到他人的帮助，这样一来，许多事情都能迎刃而解。

三、智力的影响因素

（一）遗传

遗传与智力发展之间具有高度的相关性。

（二）环境

1.胎内环境

母亲在怀孕期间注意营养、卫生及胎教，有助于胎儿的智力发展。

2.家庭环境

包括父母的教育程度、父母职业、教养方式、家庭社会经济地位、居家空间及家人关系等，都会对幼儿智力发展有影响，其中父母教养态度及方式的影响最大。

3.学校环境

包括教师的教学方式、教学态度、教材内容及学校设施等。

4.社区环境

包括社区的社会经济水平、社区环境、社区里可供学习的设施等。

（三）遗传和环境的交互作用

大部分人认为，智力是由遗传与环境交互作用产生的结果。

+ 知识补充站

人工智能

是指让计算机具有人类的知识与行为，也就是借由计算机来执行人类智慧的过程。原本人类对各种问题及事物，所引起的思考、判断、推理、决策、计划及解决等过程，可以被分解成一连串的基本步骤，利用程序设计的方法，将这些过程公式化，然后用来解决或处理各种更复杂的问题。早在1950年代，就有科学家开始从事人工智能的研究，主要集中在学理问题或棋弈竞局的解决。

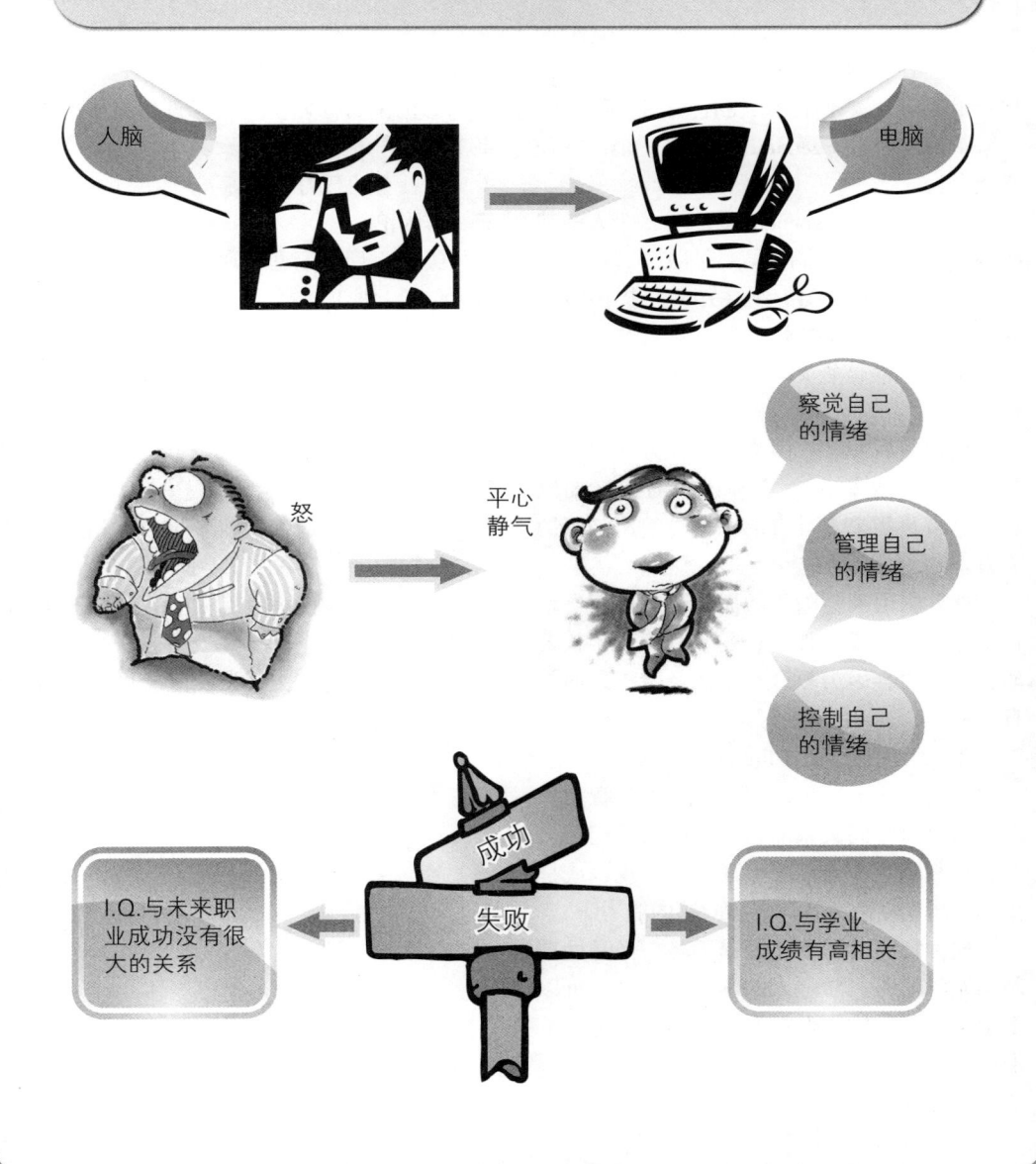

第七章 智力发展与教育

人脑 → 电脑

怒 → 平心静气

- 察觉自己的情绪
- 管理自己的情绪
- 控制自己的情绪

成功 / 失败

I.Q.与未来职业成功没有很大的关系 ← → I.Q.与学业成绩有高相关

7-2 智力发展的理论（一）

智力理论有二因论、多因论、群因论、智力结构论、智力三元论及多元智能理论。

一、二因论

英国心理学家斯皮尔曼（Spearman）在1927年提出，认为智力结构有两个因素：

①一般因素（general factor）：个人的普通能力。

②特殊因素（special factor）：个人的某些特殊能力，例如，音乐、美术能力等。

卡特尔（Cattell）则在1957年提出智力的组成，包括两种因素：

（一）晶体智力（crystallized intelligence）

是指受后天学习因素影响较大的智力，多半经由语文词汇及数理知识的记忆加以表现；或是指个人具有的知识与使用知识的能力。

这种智力不会随年龄而下降，反而会增长至老年，变成各种信息的收藏库。年长者的晶体智力会因为教育和生活经验积累而与日俱增。

（二）流体智力（fluid intelligence）

是指受先天遗传因素影响较大的智力，多半通过对空间关系的认知、机械式记忆、对事物判断反应速度等方面加以表现，或是指能够洞悉复杂关系与解决问题的能力。

这种智力会随着年龄而下降，像是处理新问题的能力，年轻人的学习能力好，可以学会很多新事物，但是30岁以后就会呈现下滑趋势。

二、多因论

代表人物：桑代克。

他认为智力由许多不同的能力所组成，可分为三类：

①抽象的智力：理解与运用符号（语文和数字）从事抽象思考推理的能力。

②机械的智力：运用感官与肢体动作从事工具操作的能力。

③社会的智力：处理人际关系的能力。

三、群因论

美国心理学家塞斯通（Thurstone）认为智力包括七种基本能力：

①语文理解能力：理解语文含义的能力。

②词语流畅能力：语言迅速反应的能力。

③数字运算能力：迅速计算正确的能力。

④空间辨识能力：区辨方位及判断空间关系的能力。

⑤联想记忆能力：将两个事件相互联结的记忆能力。

⑥知觉速度能力：凭知觉快速区辨事物异同的能力。

⑦一般推理能力：根据经验做出归纳推理的能力。

智力二因论

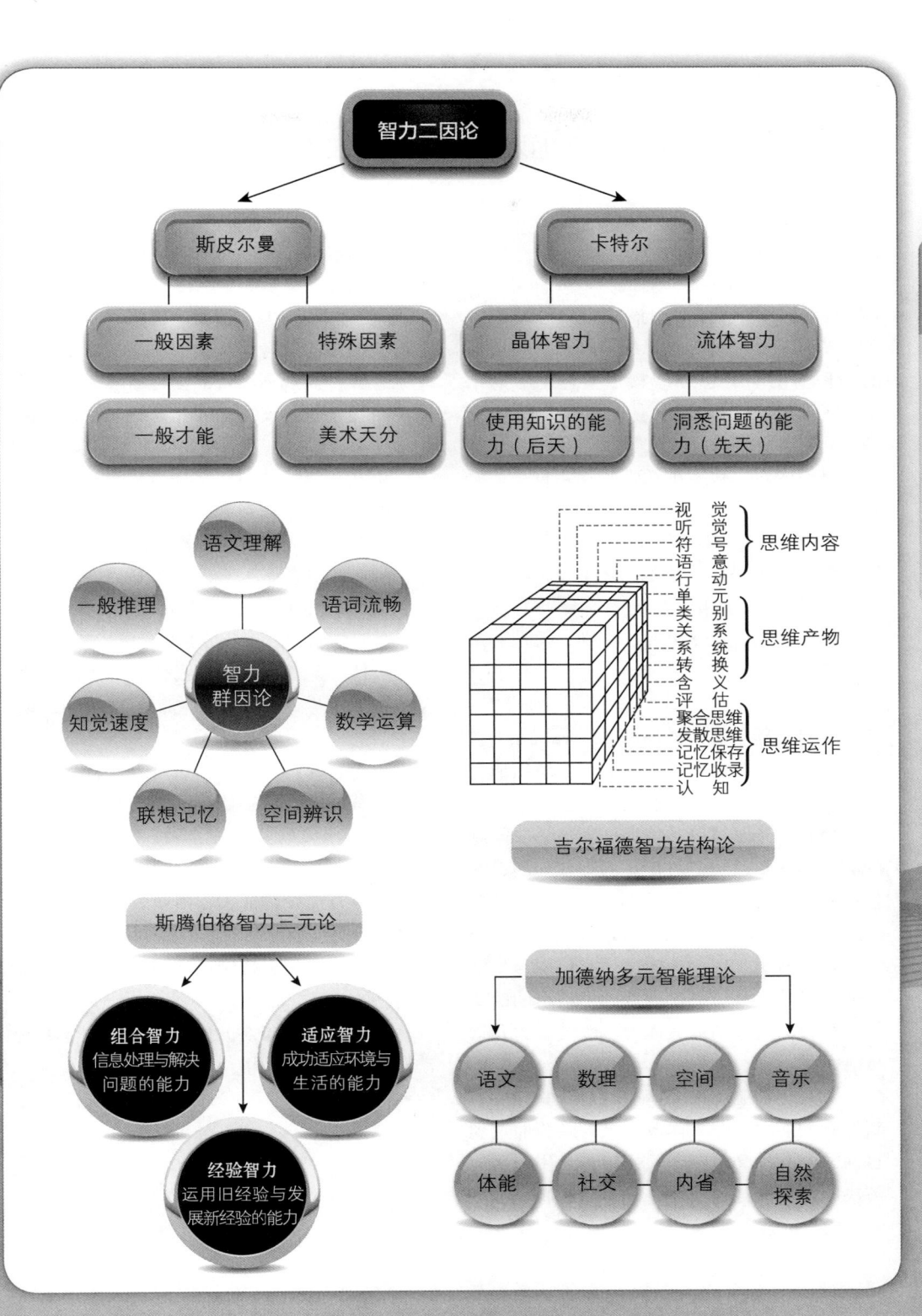

- 斯皮尔曼
  - 一般因素 → 一般才能
  - 特殊因素 → 美术天分
- 卡特尔
  - 晶体智力 → 使用知识的能力（后天）
  - 流体智力 → 洞悉问题的能力（先天）

智力群因论

- 语文理解
- 语词流畅
- 数学运算
- 空间辨识
- 联想记忆
- 知觉速度
- 一般推理

吉尔福德智力结构论

- 思维内容：视觉、听觉、符号、语意、行动
- 思维产物：单元、类别、关系、系统、转换、蕴义
- 思维运作：评估、聚合思维、发散思维、记忆保存、记忆收录、认知

斯腾伯格智力三元论

- 组合智力：信息处理与解决问题的能力
- 适应智力：成功适应环境与生活的能力
- 经验智力：运用旧经验与发展新经验的能力

加德纳多元智能理论

- 语文
- 数理
- 空间
- 音乐
- 体能
- 社交
- 内省
- 自然探索

第七章　智力发展与教育

7-3 智力发展的理论（二）

四、智力结构论

美国心理学家吉尔福德（Guilford）在1959年倡导将智力结构描述为由思维内容（引发思考的材料）、思维运作（进行思考的心理活动）、思维产物（整理思考的结果）三个角度组成的立方体，即智力是由180种不同能力所组成。

思维内容：包括视觉、听觉、符号、语意、行动五项行为。

思维运作：包括评估、聚合思维、发散思维、记忆保存（长时记忆）、记忆收录（短时记忆）、认知。

思维产物：包括单元、类别、关系、系统、转换、含义。

五、智力三元论

美国心理学家斯腾伯格（Sternberg）在1984年倡导，智力由三类不同能力所组成，每类智力又各自包括数种不同的能力。

智力成分亚理论：信息处理与解决问题的能力；认知过程中对信息的有效处理，又包括元认知（个人支配运用知识与选择策略的能力）、知识获得及操作成分的能力。

智力情境亚理论：成功适应环境与生活的能力；适应环境变化以达到生活目的的实用性智力，又包括适应能力、改变能力及选择能力。

智力经验亚理论：运用既有经验与发展新经验的能力；个人修改自己的经验而达到目的的能力，又包括经验运用（运用旧经验解决问题）和经验改造（改造旧经验、创造新经验）的能力。

六、多元智能理论

美国心理学家加德纳（Gardner）认为每个人具有八种以上的智能。他相信"天生我材必有用"的信念，认为要尊重每个学生的个别差异，要规划丰富的学习情境，营造和谐的班级气氛，安排多元化的教学活动，设计多元测评活动，进而激发学生发挥潜能。

语文智能：善用文字与语言，对文字与语言的声音、意义、结构及韵律具敏感性。

视觉—空间智能：能准确感觉与辨识视觉空间，善用意象、表格、图画及隐喻。

数理—逻辑智能：有效运用数字与推理，具有逻辑、计算及抽象思考能力。

身体动觉智能：善用身体表达想法与感觉，用双手生产及改造事物，手眼协调、动作灵活。

音乐智能：察觉、辨识及表达音乐的能力，对节奏、音调、旋律、音色及感情具敏感性。

社交—人际智能：察觉并区分他人情绪、动机及感觉的能力，对他人脸部表情、声音、手势、人际互动具敏感性。

内省（自知）智能：认识自我，并能选择自己的生活方向。

自然观察（探索）智能：能观察与认识动植物与自然的能力。

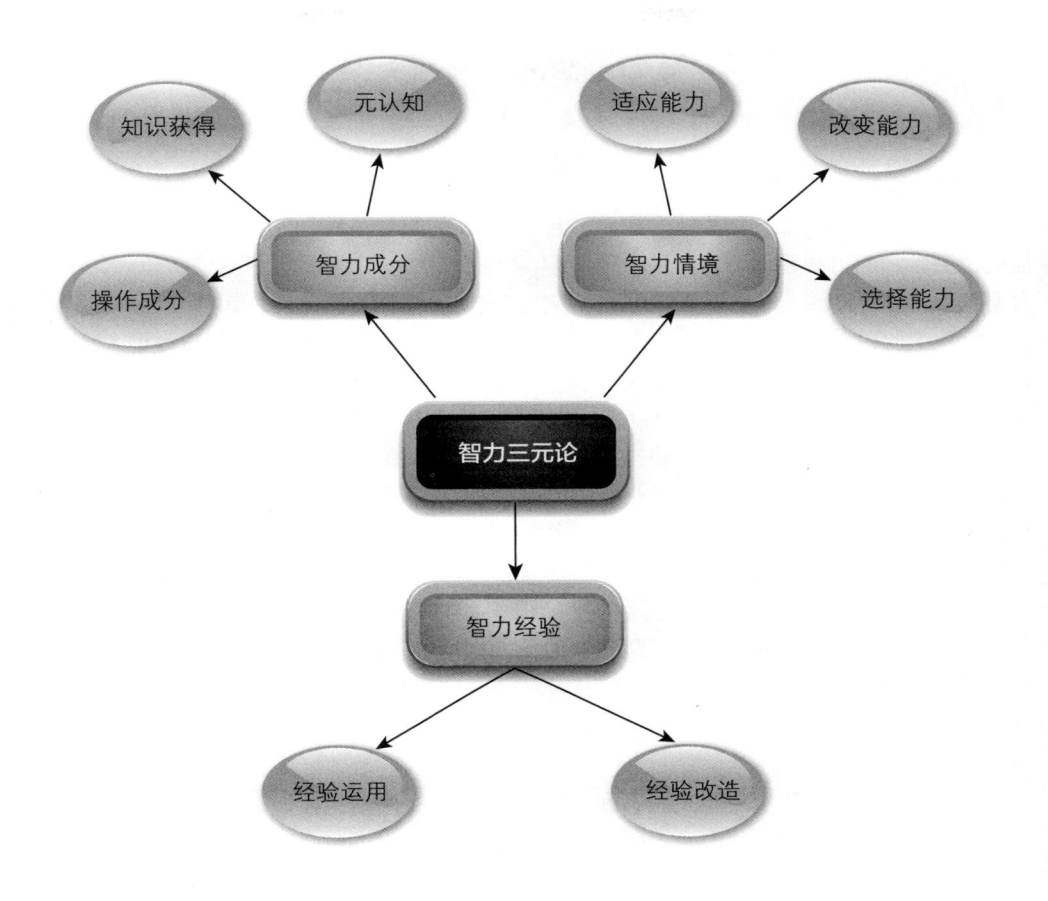

```
                知识获得        元认知              适应能力      改变能力
                      ↖   ↗                    ↖   ↗
        操作成分 ← [智力成分]              [智力情境] → 选择能力
                           ↖              ↗
                            [智力三元论]
                                 ↓
                             [智力经验]
                              ↙     ↘
                        经验运用      经验改造
```

✚ 知识补充站

多元智能理论在教学上的应用

丁老师针对"近四成的市售清洁剂恐含有致癌物"的新闻报道，请学生分组搜集资料，并完成一篇"清洁剂对我们的影响"的专题报告。请问这个学习活动对哪一种智力的发展影响最大？

解答：数理—逻辑智能。

能力倾向与教学交互作用

克伦巴赫（L. J. Cronbach）提出能力倾向与教学交互作用理论（Aptitude-Treatment Interaction），来说明个别差异和教学的关系。学生的个别差异有五类：学习的普通能力、特定领域的先备知识、学习动机、人口统计特性和认知风格。当学生出现学习困难时，教师应探讨学生需求并提供适性教学。

7-4 智力测验的发展与类型（一）

一、心理测验的定义和类型

测量心理能力的工具称为能力测验，包括成就测验和能力测验两类。另外，还有智力测验和人格测验。

成就测验：是看一个人"现在"可以做到什么，又可分为"学业vs.职业成就测验"以及"一般vs.分科成就测验"两种。

能力测验：是预测一个人"将来"可以做得多好，又可分为"学术vs.职业能力测验"以及"一般vs.特殊能力测验"两种。其中的一般能力测验就是智力测验。

智力测验：是指可以用来衡量个体智力高低或诊断智力障碍程度的标准化测量工具，I.Q.从50~55到70属轻度智力障碍，从35~40到50~55属中度智力障碍，从20~25到35~40属重度智力障碍。

人格测验：是指测量一个人的态度、兴趣、气质、情绪、动机、价值及人际关系等特质的心理测验。

二、心理测验要具备的条件

（一）信度

是指测验的可靠性，即测验分数的一致性或稳定性，通常信度越高代表测验越可靠。

（二）效度

是指测验的正确性，即测验能测出想要测量特质的程度，通常效度越高代表测验越准确。

（三）常模

根据标准化样本施测结果，将所有受试者的分数按高低排列所得的平均数就称为常模。它是用来解释测验结果的依据。

（四）实用性

是指一个测验容易实施、计分、解释、应用及经济效益高。

三、早期智力测验的发展与类型：20世纪40年代以前

（一）生理计量阶段

高尔顿（F. Galton）用感官的敏锐度（例如：线条长短、声音强弱）来估计智力的高低。

（二）心理年龄阶段：比奈—西蒙量表

比奈（Binet）和西蒙（Simon）编制了世界第一个智力测验，用来测量3~18岁儿童的普通能力。

（三）比率智商阶段：斯坦福—比奈量表

美国心理学家推孟（Terman）在1916年将比奈—西蒙量表修订为"斯坦福—比奈量表"，改用"智商"的观念来表示智力的高低，又称比率智商。

（四）离差智商阶段：韦氏智力量表

由美国心理学家韦克斯勒（Wechsler）所倡导。

韦氏采用离差智商（Deviation I.Q.），根据常态分配的概念，将智力测验测得的分数换算为标准分数（Z分数），然后通过观察受测者的得分离平均数（X）的距离有几个标准差（S.D.）来判定他的智力高低。

比率智商 Ratio I.Q. 的计算公式

心理年龄（M.A.）÷实足年龄（C.A.）x100，例如：有一个实足年龄5岁2个月的幼儿，如以月为单位计算，C.A.=62，经过幼儿智力测验后得到的分数为6岁2个月，M.A.=74，该名幼儿的智力商数为：

I.Q.=（M.A.÷C.A.）x100
　　=（74÷62）x100≈119

墨迹测验作为一种人格测验

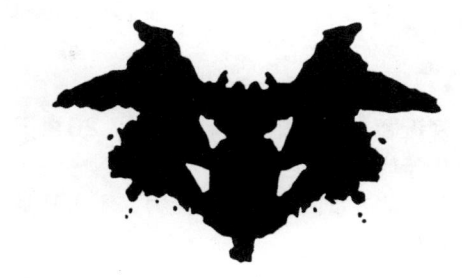

四种心理测验的意义和内容

比较项目	测验类型			
	智力测验	能力测验	成就测验	人格测验
测验意义	又称普通能力测验，是指测量受试者智力水平高低的心理测验。	测量受试者的学习潜能，用来估计未来接受学习或训练可能成就的心理测验。	测量受试者运用先天潜能，经过后天教育或训练学习后，实际获得的知识和技能。	测量态度、兴趣、气质、情绪、动机、价值及人际关系等特质的心理测验。
测验内容	属认知测验，用来测量一个人的智愚程度，也可应用来诊断智力障碍程度，但智力测验分数不是唯一的判断标准，仍需考量社会和文化的能力。	属认知测验，可分为学术能力测验和职业能力测验；一般能力测验和特殊能力测验。其中的一般能力测验就是智力测验。	属认知测验，可分为学业成就测验和职业成就测验；一般成就测验和分科成就测验。	属情感测验，用来描述人格的差异。常使用的是自陈量表（要求受试者依自己的感受、意见或自觉情形加以反应作答）和投射测验（提供一些意义模糊不清的刺激，让受试者自由反应）。

7-5 智力测验的发展与类型（二）

四、晚近智力测验的发展与类型：20世纪40~80年代

智力是多重因素的综合能力，不再只是单一的普通能力。

增编了团体智力测验、非文字智力测验和适用于成人的智力测验。

最具权威的三种智力测验：

①韦氏成人智力量表：适用于16~74岁的成年人。

②韦氏儿童智力量表：适用于6.5~16岁的儿童。

③韦氏学前智力量表：适用于2~6.5岁的学龄前儿童。

五、近期智力测验的发展与类型：20世纪80年代后

增加非文字量表，以减少语言背景的影响，例如：瑞文图形补充测验。

扩大智力的传统观念，将社会适应能力也视为智力，增加社会适应能力量表。

由于身心两方面是不可分的，将身体运作功能也视为智力，增加身体运作功能量表。

建立不同常模，以适应不同种族及社会背景的人，可在公平标准下比较智力高低。

近期有名的智力测验：

1.麦赛尔（Mercer）的"不同文化多维智力测试"

在1979年发展的心理测验，麦赛尔修改了韦氏儿童智力量表，该量表适用于施测5~11岁的儿童，在原先韦氏量表的基础上，增加社会适应和身体功能量表，将为人处事、安排生活、同伴互动、视觉、听觉和肢体灵活也视为智力的一部分，等于是扩大了智力的概念。

2.考夫曼等人的"考夫曼儿童智力综合测验"

在1982年发展的个别心理测验，适用于施测2~12岁的儿童，结合成就测验和能力测验，以非文字量表为主、文字量表为辅，测量儿童在文字之外对于环境刺激反应的能力。考夫曼认为过去的智力测验没有区分智力和成就，智力是思考的过程，成就是思考的结果，所以这份测验包含心智运作量表和成就量表，心智运作量表所测量的是系列思考能力（思考过程是依序进行的，一件事情处理结束再进行下一件）和平行思考能力（可同时处理不同事情并加以整合）。

六、智力取决于先天遗传还是后天环境

有研究显示智力是遗传的。在同卵双生子（同一个受精卵分裂成两个一模一样的细胞，再发展成两个一模一样的个体）的研究中，同卵双生子I.Q.之间的相关远大于异卵双生子。

斯腾伯格在《超越I.Q.》（*Beyond I.Q.*）一书中指出，智力不是静态的，智力会受到环境的影响，智力是可以通过认知过程的教学和训练或环境的改变而增加的。

综合来说，遗传决定了一个人智力发展的上限，但是否能达到上限及充分发挥潜能则取决于环境。

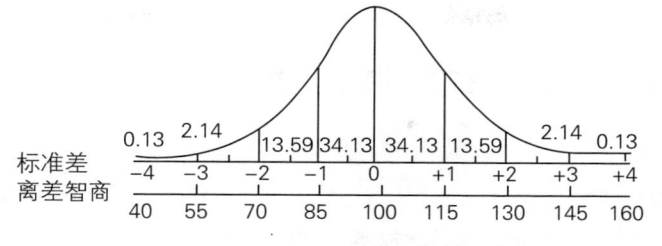

标准差	-4	-3	-2	-1	0	+1	+2	+3	+4
离差智商	40	55	70	85	100	115	130	145	160

各区间百分比：0.13 / 2.14 / 13.59 / 34.13 / 34.13 / 13.59 / 2.14 / 0.13

用标准差表示离差智商的常态分配

✚ 知识补充站

小明是初中一年级学生，他的韦氏智力测验分数是100，请问下列哪一项是正确的？
（A）小明的韦氏智力测验成绩，显示他的IQ胜过50%的初中一年级学生。
（B）小明的韦氏智力测验的心智年龄和他的生理年龄相等。
（C）小明在韦氏智力测验测得满分。
（D）小明的学校成绩应有中等以上的表现。
解答：（A）。
说明：因为小明的韦氏智力测验分数为100，刚好等于平均数，依据常模的概念，代表他的IQ胜过50%的同质团体。

20世纪80年代后

重要的智力测验
1. 麦赛尔的不同文化多维智力测试
2. 考夫曼等人的考夫曼儿童智力综合测验

20世纪40~80年代

重要的智力测验
1. 韦氏成人智力量表
2. 韦氏儿童智力量表
3. 韦氏学前智力量表

20世纪40年代

重要的智力测验
1. 比奈—西蒙量表：心理年龄法
2. 斯坦福—比奈量表：比率智商法
3. 韦氏量表：离差智商法

20世纪初期

智力测验发展三个阶段

7-6 智力发展与教育

一、智力测验的功用

用来鉴定学生的智力差异，作为学校实施分组教学的依据。

可以预测学生未来在成就和能力倾向方面的发展，作为学校实施生涯发展教育的依据。不过，对中等资质以下的学生做预测才比较有效。

二、智力测验结果的影响因素

编制程序的标准化：包括测验试题的编拟、分析、选择和组合等步骤，以及测验信度、效度、常模的建立。

实施程序的标准化：包括施测的程序、记分和结果解释的一致性。

受试者的基本能力：包括受试者的基本学业能力（读、写、算）、对指导语和题目的理解程度、作答时的自我监控能力、表达能力和接受测验的动机等。

三、智力测验的误用

对于家庭文化水平不同的学生施以同样的智力测验是不公平的，因为来自低社会经济水平背景家庭的学生比较缺乏文化刺激，语文能力也会比较差，这就会影响到智力测验的结果。

智力测验原本是用来测量一个人和学校功课、学业成绩有关的能力，智力测验结果在预知了学生于哪些方面能力不足后，应实时予以补救，或依据学生能力来调整教材教法，而不是拿来作为编班或标签化学生的工具，否则就是对智力测验的误用。

智力测验采用"常模参照标准"而非"标准参照标准"，所以该测验只能评定一个人智力得分在团体中的相对位置，无法推知他学业成就表现的优劣情形。

四、智力测验与教师期望

智力测验的结果会影响教师期望，这是因为教师对智力较低的学生会有较低的期望，造成在教学活动中"少奖励、少互动"，也连带影响学生出现较低的自我评估，因而产生"习得无助感"。像这种不当的教师期望会造成学生自认为"我不如人"，久而久之，学生日后在学习过程中真的逐渐实现了这个预言，这种心理现象就称为"自验预言"或"皮格马利翁效应（Pygmalion effect）"。

五、促进智力发展的辅导策略

发展动作及训练感官：提供学生大量的动作练习机会，不要过多地限制和约束，当学生的动作行为有好的表现时，要给予鼓励及强化，进一步促进学生智力发展。

提供均衡的营养：增进学生身体健康，也有利于学生智力的正常发展。因此，要纠正学生偏食、吃零食的不良习惯，避免营养不良或营养过剩而造成发育问题。

提供适当的刺激：为学生提供丰富的学习环境，有利于激发学生对周遭环境的兴趣，并发展正常的智力。

✚ 知识补充站

标准参照测验与常模参照测验

问题一：如果某市的教师甄选想从500名考生中，选取至少能解答考试科目90%的受试者进入复试，应该采用哪一类型的测验？

解答：标准参照测验。

问题二：想从50位复试者中，选取5位最优秀的受试者录取为正式教师，应该采用哪一类型的测验？

解答：常模参照测验。

"标准参照测验"是依据受测者的表现与事先具体指定的测验范围比较的结果，来决定测验分数的高低，分数解释的重点在于"受测者到底学会了什么"。

"常模参照测验"注重个人与团体的比较，借以了解个人表现的优劣程度。分数解释的重点则在于"受测者与一项标准化样本相较时所占的位置在哪里"。

简单来说，标准参照测验是设定合格标准，到达标准者即为合格；常模参照就像是排名次，判定你在团体中的表现程度。

百分等级（percentile rank，简称P.R.）

P.R.=60是指某一个分数在团体中可以胜过60%的人，由此得知这个分数在团体中所占的相对位置。

皮格马利翁效应

皮格马利翁效应是一个心理学名词，源于哈佛大学心理学教授罗森塔尔（Robert Rosenthal）与雅格布森（Jacobson）于1968年所作的研究。他们对学校里一群6~12岁的儿童做智商测验，将他们分成实验组和对照组，告诉老师们实验组的学生们智商比较高。老师因此设计难度较大的课程给这些智商比较高的学生，也花比较多的时间回答孩子们的问题，教学更为认真。一年后，这些学生的智商分数果然都增加了。事实上，实验组和对照组的学生们只是随机挑选的，智商高低并没有太大的不同。由此可说明教师期待会影响到教学态度与方法，也连带影响到学生的课堂表现。

7-7 思考发展与教育

一、思考的意义
思考是人们内在的心理活动或认知过程。思考可以视为解决问题的能力。

从"功能固着"到"功能变通":个体在思考问题时常会囿于工具的固定用途而产生思考盲点,导致问题无法解决,如铁锤只能拿来敲东西;或是能灵活运用工具来解决问题困境,如铁锤也可以绑在绳子上,让绳子荡得更远。

二、思考的方式
聚合思考:缩小问题范围,寻找一个最佳答案。

发散思考:会尝试从多种可能中,寻找一个最佳答案。例如:"请问球、脸、太阳这三者的关联性为何?"答案是:"都是圆形。"

定程思考:按一定程序进行的思考方式。

试探思考:凭借个人经验,从尝试错误中得出答案的思考方式。

演绎推理:先设定一个普遍公认的原理原则,从整体的概念进而推论到特定的事例上。例如:(A)大前提是"硬闯铁道口是危险的行为",(B)小前提是"我的行为是硬闯铁道口",(C)结论是"我的行为是危险的行为"。

归纳推理:以很多个别的事件作为前提,进而推理出一个普遍的原则或模式。例如:通过观察,我们知道100个硬闯铁道口的人,有99个都被撞死了,所以结论就是:硬闯铁道口是危险的行为。

三、培养思考能力的方法
鼓励学生主动发觉问题,而非等待问题。

进一步探求问题的性质,找出问题的结构性。

搜集解决问题的相关信息,拟定解决问题策略。

进行解决问题的实际行动,多做练习、多尝试。

事后检讨结果,对正确和错误的答案同时加以重视。

四、批判思考的意义
批判思考是一种智能活动,代表一个人解决问题和洞察世事的能力;批判思考是一项重要的学业智能,也是社会智能和实用智能。

批判思考是一种复杂的认知过程,涉及思考者的知识和技巧与所在情境的互动。

五、促进批判思考的方法
教师要强化有关批判思考教学的信念和专业知识。

教师要安排丰富多元的教学情境,营造一个正向批判思考的学习气氛,促进学生进行知识探索和运用。

教师要将批判思考教学融入课程中,并引导学生将其应用于日常生活和解决问题中。

发散思考

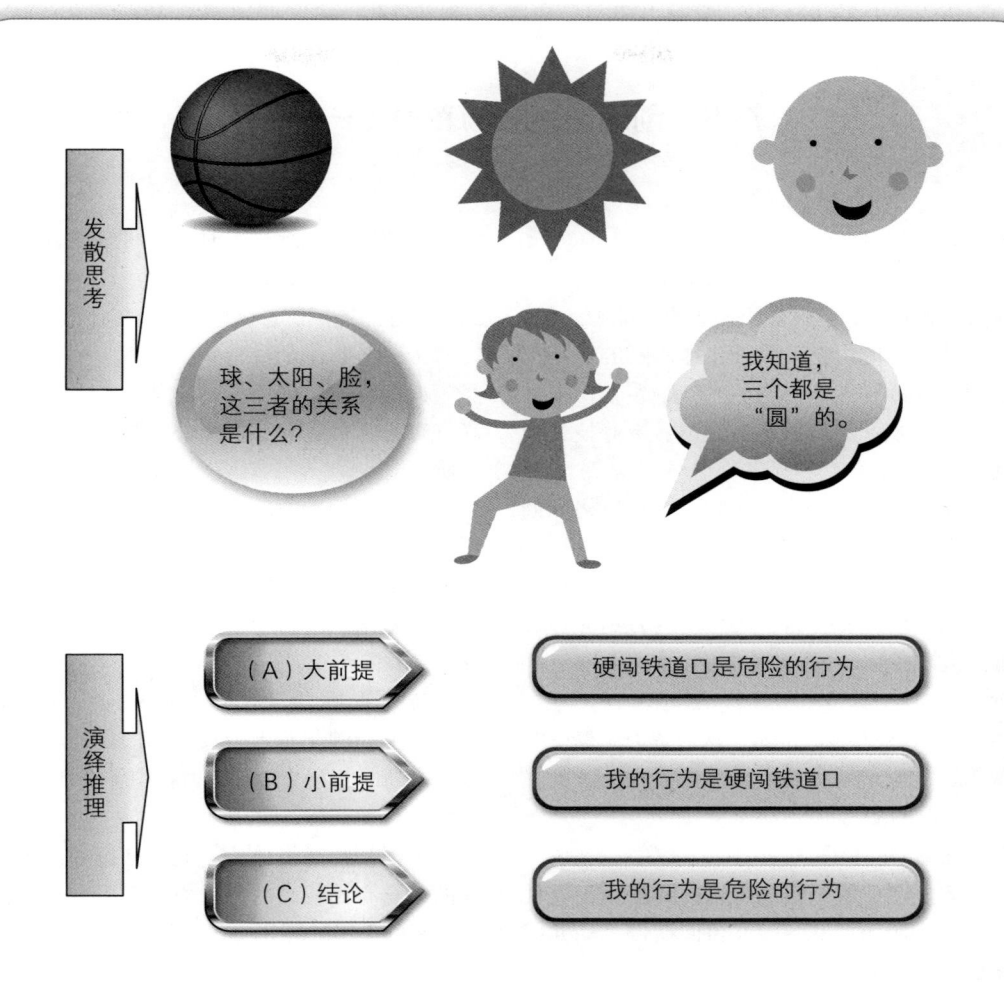

球、太阳、脸,这三者的关系是什么?

我知道,三个都是"圆"的。

演绎推理

(A) 大前提 —— 硬闯铁道口是危险的行为

(B) 小前提 —— 我的行为是硬闯铁道口

(C) 结论 —— 我的行为是危险的行为

➕ 知识补充站

锚定教学

  美国范德堡大学(Vanderbilt University)的一个研究团队采用"情境学习"理论为基础,结合计算机科技和多媒体设计了一套教材(有交互式影碟系统和故事情境),提出"锚定教学(anchored instruction)"。他们研究学习者的知识建构历程,希望了解学习者如何在模拟真实生活可能面临的问题情境中,发展出有用的解决问题策略,也借以了解学习者的知识建构历程。

  举例来说,学生扮演飞行员的角色,学习有关航空学的知识,像是重力、气流、天气和基本的飞行动力学。教师引导和训练学生去经历这个学习过程,整套的学习和教学活动都被设计和定位在一个情境中,即"锚定",课程内容让学习者融入情境,鼓励学习者去探索、质疑、处理和解决问题。

7-8 创造力发展与教育（一）

一、创造力的定义

一个人的行为表现富有新奇和价值；一个人见解独特，能创造出新事物的能力。

创造力包含三种成分，在不断的交互作用下，进而影响到个体的创意表现：

①专业：个人的基本知识、专业技术和知识。

②创意思考技能：认知、工作风格和创意能力。

③工作动机：对工作的基本态度和知觉。

瓦拉斯（Wallas）认为创造力是一种过程，包括准备、酝酿、豁朗、评估和修正五个阶段。

吉尔福德（Guilford）认为智力结构中的发散思维就是创造力，即不囿于唯一法则来解决问题的能力。

二、创造力的特质

敏觉性：敏于察觉事物的疏漏和不寻常的能力。例如：调整幼儿房间摆设，幼儿能够很快察觉出来。

流畅性：反应灵敏、思路流畅的能力，面对问题情境时，能在短时间内想出各种不同答案的能力。例如：在5分钟内能说出杯子的10种用途。

变通性：随机应变、举一反三的能力。例如：什么物品可归类为"装东西"和"当玩具"，能想出越多的类别越好。

独创性：标新立异、独具匠心的能力。例如：杯子除了可用来装东西外，还可以种植物。

精进性：思考缜密、做事注重细节的能力。例如：幼儿画妈妈时，会将妈妈戴的戒指、脸上皱纹等细微处画出。

三、创造力发展的影响因素

（一）个人方面

人格特质：创造力高的儿童，大都具有高好奇心、冒险心、挑战心、想象力的人格特质。

性别：创造力的表现，不受性别差异的影响，但社会对性别角色要求的差异会使创造力受到影响。例如：人们常允许女童有较多依赖和从众的行为，而要求男童有较多的独立及冒险精神。

智力：智力与创造力是两种不同的能力，智力高的儿童未必具有高的创造力，但创造力高的儿童必须是智力在中等以上者。

（二）家庭方面

家庭社会经济地位：家庭社会经济地位高的儿童有比较高的创造力，因为父母能提供丰富的学习环境和文化熏陶。

家庭气氛与教养态度：轻松开朗的家庭气氛、良好的亲子关系及正向的教养态度，有利于创造力的发展。

家中排行顺序：一般说来，长子常受父母要求顺从的压力，创造力不及排行在中间的儿童及幺子。

杯子的10种用途：
1.喝水　2.当笔筒　3.当摆饰　4.当礼物送人　5.养鱼　6.种花草
7.装米饭或喝汤　8.当乞讨工具　9.画圆　10.冻冰块

瓦拉斯的创造思考五阶段

1.准备：收集问题的相关信息

2.酝酿：将问题思考放入潜意识中

3.豁朗：解决问题的方法突然出现在意识层次

4.评估：验证解决问题的可行性

5.修正：对可行的方法加以修正

＋ 知识补充站

创造力测验

一、托兰斯的创造性思维测验（Torrance test of creative thinking）

托兰斯创造性思维测验图形版由李乙明在2006年修订出版，测验功能有：
1.借由画图的方式评估学生的创造力表现；
2.评估学生五种创造力特质的相对优势能力；
3.提供发展适用性课程的参考。

测验适用于一年级到高三，测验内容是借由画图方式表现出对刺激图形的反应，有甲、乙两个复本，可交替使用。每个复本均有三个活动设计，评估学生的五种创造力特质，并有创造潜能优异检核表，进一步评估学生的优势能力。

二、威廉斯创造力倾向测验（Creativity assessment packet）

由林幸台和王木荣在1994年修订出版，测验功能有：
1.筛选具有特殊才能与创造能力的学生；
2.甄选参加发展创造力方案或天赋优异教育方案的学生。

适用对象是四年级至高三，测验内容共分三部分：
1.创造性思考活动，将已有的线条补充为有意义的图画，共12题；
2.创造性倾向量表，三点量表，共50题；
3.创造性思考与倾向评定量表，三点量表，共48题。
前两部分评估学生的创造力特质，第三部分评估学生的创造力行为。

7-9 创造力发展与教育（二）

（三）学校方面
①只注重成绩，要学生循规蹈矩。
②课程内容采用教师本位，教材选择缺乏弹性。
③教师固执己见，无法接纳学生不同的意见。
④教师对于学生各种天马行空的想法，予以嘲笑或忽视。
⑤过分重视成功，使得学生不敢有越轨行为。
⑥将游戏和兴趣当成工作，不容嬉戏。
⑦评估要求单一的标准答案。
⑧教师采用权威的管理方式，强迫学生依令行事。
⑨教室布置单调，学习情境枯燥。

（四）社会方面
不当的社会态度：传统的社会价值观念要求学生必须服从，不鼓励想象力发展。
社会奖赏的缺乏：日常生活中，对于学生的创造力很少给予鼓励，但这会使学生感到挫折。

四、促进创造力的方法

（一）安排丰富多元的学习环境
精神环境方面，父母及教师对学生的态度应为尊重自主、容纳异见。
物质环境方面，提供丰富且适合学生身心发展的学习材料及工具。
教学环境方面，父母及教师宜采用民主开明的指导方式。
社区环境方面，多利用社会资源，经常带学生参观社区里的图书馆、美术馆、博物馆、科技馆及名胜古迹等，以丰富生活经验，充实学生心灵。

（二）提供各种创造性的游戏活动
父母及教师应提供各种情境机会，引导学生从事创造性活动，以培养学生创造思考的兴趣及能力。
通过造型活动、音乐活动、语文活动、戏剧活动、科学活动，激发学生的观察力、想象力和创造力，并扩充生活经验。

（三）提供阅读讨论及头脑风暴的机会
家庭及学校可充实具有启发性的图书，父母及教师应陪同阅读，鼓励学生发问讨论。
鼓励学生与同伴讨论时，尊重及包容他人不同的意见，进行头脑风暴，或运用"6W"的问题形式（谁？什么？为什么？何时？哪里？如何？），以刺激学生创意思考。

（四）从日常生活培养学生创造思考的态度
①倾听、悦纳并尊重每一位学生，分享彼此的感受。
②尝试提供各种学习经验，让学生从错误中学习。
③提供安全、无威胁且多元的学习环境。
④父母及教师以身作则，乐于接受学生的想法。
⑤与学生建立良好的人际互动关系。
⑥提供给学生做决定的机会，勿强迫学生服从。

6W 提问法

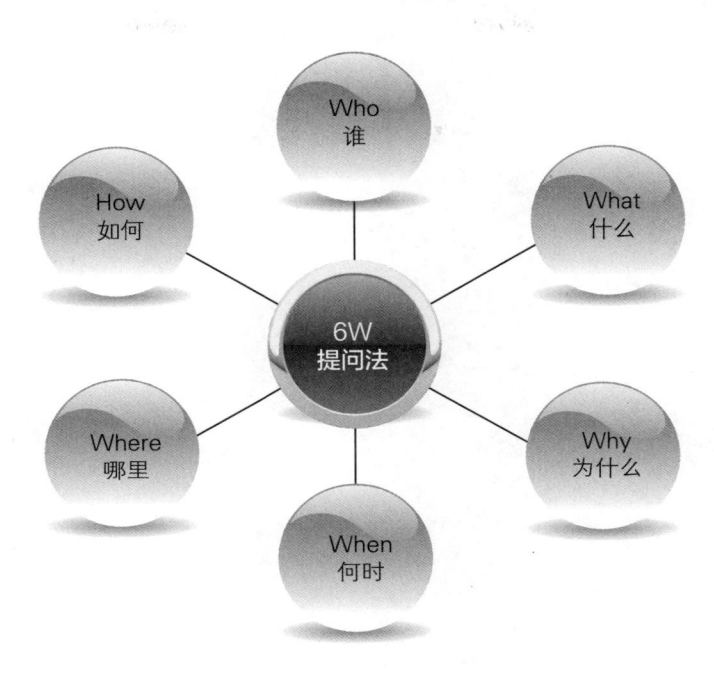

- Who 谁
- What 什么
- Why 为什么
- When 何时
- Where 哪里
- How 如何

✚ 知识补充站

曼陀罗思考法

　　这是日本人今泉浩晃所提出的一种创造思考法，以思考主题为中心向四方发散思考，将产生的新观点填入外围的八格内，知识将由外寻，变成内化而转成智慧，再以九宫格的方式呈现资料。这是一种兼具结构化与扩散思考的策略，易于组织资料，并刺激出更多的新想法。基本形式有二：其一是以主题为中心，将想法向四面扩散，其二是由中心的主题方格为起点，以顺时针的方向逐步思考到最后的结论。

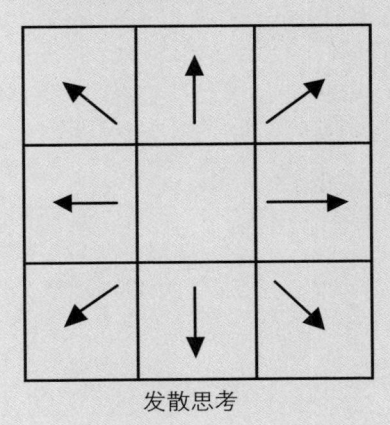

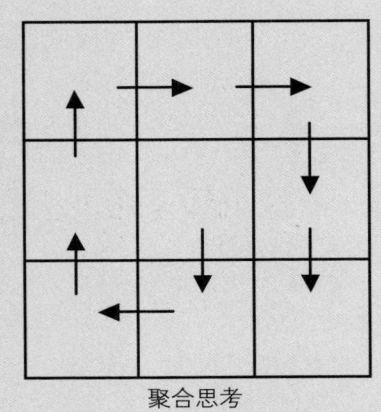

发散思考　　　　　　　　　聚合思考

第八章

行为主义心理学的学习理论

章节体系架构

8-1　行为主义心理学概述

8-2　经典条件反射理论

8-3　操作条件反射理论（一）

8-4　操作条件反射理论（二）

8-5　社会学习理论

8-6　行为主义学习理论在教育上的应用

8-1 行为主义心理学概述

一、学习的基本定义

学习因经验或练习而产生。学习会促使人类的行为产生改变，而且具有持久性。

二、三大学派对学习的看法

（一）行为学习理论

学习是外塑的历程。

学习是个体在活动中受外在因素影响，促使行为产生改变的历程。

（二）认知学习理论

学习是"由既知而学到新知"的历程。

学习是个体对事物加以认识、辨别和理解，进而获得新知识的历程。

（三）人本主义学习理论

学习是内发的历程。

学习是个体随着意志或情感对事物自由选择，进而获得知识的历程。

三、学习的条件

美国教育心理学家加涅（R. M. Gagné）提出影响学习结果的条件有二：

①内在条件：是指学生在学习前应有的先验知识、技能和态度。

②外在条件：是指教师应设置有助于学生学习的一切情境。

四、学习的阶层（或类别）

①加涅提出学生学习能力的发展有八个阶层，也代表八种由简至繁的学习行为：

②信号学习：是最原始的学习方式，例如，学会冒烟是着火的信号。

③"刺激—反应"联结学习：是动作学习和语文学习的基础，例如，"指物命名"。

④连锁化学习：是多个"刺激—反应"联结所串联起来的行为，例如，联结单字变成一个词语，"快"+"乐"="快乐"。

⑤语文联结学习：是把很多个单字和词语联结成一个有意义且完整的语句。

⑥多重辨别学习：例如，学会多音字的读法，"那本书很便（pián）宜，你如果方便（biàn），请帮我买一本"。

⑦概念学习：能够依据特征对许多不同事物加以归类的能力。

⑧原则学习：能够理解多种概念之间的关系，例如，"四个边和四个角都相等的是正方形"。

问题解决学习：能够运用概念和原则来解决问题的能力。

五、行为主义心理学的共同点

①都认为学习是"刺激—反应"联结的过程。

②都认为人的行为是条件或条件化的结果，所有行为都是学习而来的。因此，行为主义学派相当注重对行为学习过程的分析。

学习是不断练习和经验累积的结果

冒烟可能预示着火

它是一只鹿

鹿！

经典条件反射

操作条件反射

共同点：学习是"刺激—反应"联结的过程

社会学习

第八章 行为主义心理学的学习理论

8-2　经典条件反射理论

一、核心观点

经典条件反射理论认为个人行为是"刺激—反应"的联结。

二、巴甫洛夫及其主张

（一）巴甫洛夫

俄国生理学家巴甫洛夫（Ivan Pavlov）在1900年左右研究狗的消化腺分泌变化时，发现消化液分泌量的变化与外在刺激的性质及刺激出现的时间有密切关系。

（二）实验设计及主张

他以引起狗唾液分泌的食物为例，如果让一只饥饿的狗吃到食物，或放置食物在狗的面前，狗就会增加唾液分泌。但是在实验中发现，如果有其他原来与唾液分泌毫无关系的中性刺激（例如，盛食物的器皿或送食物者的脚步声）多次与食物同时或稍前于食物出现，之后当中性刺激单独出现时，也会引起狗的唾液分泌。后来，巴甫洛夫进一步采用食物之外可以操纵的刺激物，如铃声与灯光等，严密控制出现的时间条件，并仔细记录狗唾液分泌量的变化，最后建立条件反射理论。后人称之为经典条件反射理论。

（三）重要变量

他在实验设计中指出，经典条件反射的形成依赖于以下几个变量（variable）或因素：

非条件刺激（unconditioned stimulus，简称UCS或US）：是指本来就能引起个体某固定反应的刺激，如引起唾液分泌的食物。

非条件反应（unconditioned response，简称USR或UR）：是指由非条件刺激原本即可引起的固定反应，例如，由食物所引起的唾液分泌。

条件刺激（conditioned stimulus，简称CS）：是指原来的中性刺激，例如，与食物同时或稍前于食物出现的铃声。

条件反应（conditioned response，简称CR）：是指条件形成后由条件刺激所引起的反应，例如，由铃声引起的唾液分泌。

三、华生：行为主义心理学的创始人

巴甫洛夫的实验结果用来解释动物的行为，但美国心理学家华生的实验结果则是用来解释人的行为，因此华生成为行为主义心理学的创始人。

华生认为人的行为是一连串"环境刺激—个体反应"组合下的结果。

华生认为可以运用实验研究设计来操控刺激变量，然后就能建立起预期的反应行为。

华生主张"教育万能说"，他认为"教育等同于训练"。他说："给我一打健康的孩子，我可以把他们训练成医生、律师，也可以使他们成为乞丐或盗贼。"

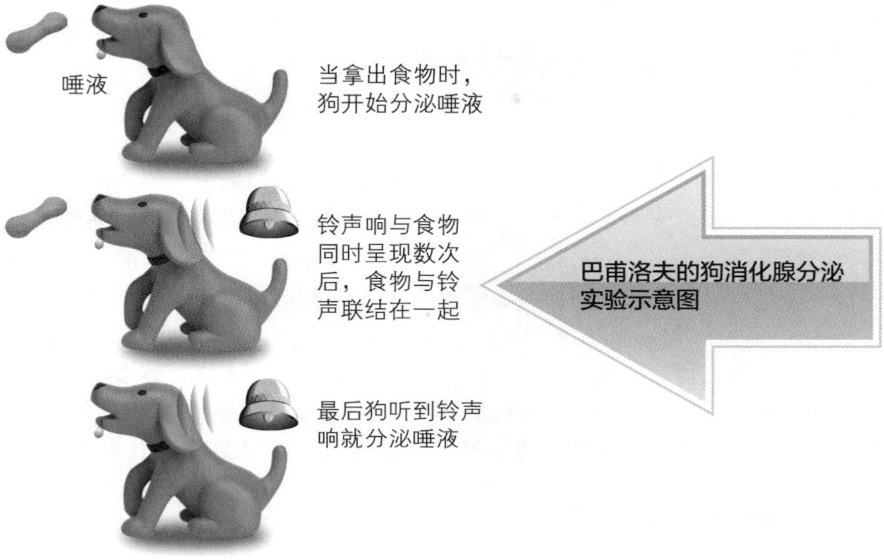

巴甫洛夫的狗消化腺分泌实验示意图

当拿出食物时,狗开始分泌唾液

唾液

铃声响与食物同时呈现数次后,食物与铃声联结在一起

最后狗听到铃声响就分泌唾液

经典条件反射中的各变量关系

条件作用前	1	非条件刺激（UCS）→ 非条件反应（UCR） （食物）　　　　　　（唾液分泌）
	2	条件刺激（CS）→引起注意但无唾液反应 （铃声）
条件作用中 （多次重复）	3	条件刺激（CS）……… （铃声）　　　　　　（刺激替代） 非条件刺激（UCS）→非条件反应（UCR） （食物）　　　　　　（唾液分泌）
条件作用后	4	条件刺激（CS）→条件反应（CR） （铃声）　　　　（唾液分泌）

第八章　行为主义心理学的学习理论

8-3　操作条件反射理论（一）

一、核心观点

①操作条件反射理论强调学习中重复的作用及行为的结果。

②与经典条件反射理论的相同点在于两者都认为学习是"刺激—反应"联结的过程。

③与经典条件反射理论的相异点在于，经典条件反射的行为反应是被动的、无意识的，而操作条件反射的行为反应是主动发生的、有意识的。

二、桑代克及其主张

（一）桑代克

美国心理学家桑代克实验观察猫逃出迷笼的行为，发现猫利用尝试错误的学习过程，使得盲目的行为越来越少，并获得解决问题的方法。

（二）试误说

学习就是一连串的试误，然后逐渐学会正确反应的过程。

（三）学习三定律

练习率："刺激—反应"的联结，会随着练习次数的增加而增强。

准备率：个体在准备反应（有某种需求）的情形下，因为反应而获得满足，日后也会出现同样的反应。

效果率：学习行为会依据反应后得到的效果而定，例如，得到奖赏就会增加"刺激—反应"的联结，若是受到惩罚则会减少"刺激—反应"的联结。

（四）学习迁移说

当前后两次刺激情境有共同元素时，在前次学到的"刺激—反应"联结，会类化到日后的其他情境中，例如：学习加法有助于乘法的学习。类化学习的应用可举下例来做说明：小芫害怕打针，渐渐地，她不仅开始对穿白袍的医生或护士感到恐惧，甚至于对穿白上衣的人也感到恐惧，这就是刺激类化作用。再如：大雄打破家里的花瓶，因为否认而避免了被责备，后来他在幼儿园里打破玻璃也否认到底，这就是类化学习的结果。

三、斯金纳及其主张

（一）斯金纳

斯金纳是极端行为主义的代表人物。

他认为学习乃是儿童在环境改变的因素下，所产生的行为改变。

他认为儿童大部分的行为都是通过操作条件学习过程所建立的。

（二）与效果率的不同点

斯金纳用强化作用来取代奖赏的意义。

他认为行为的建立依赖于行为的后果是强化还是惩罚，此乃环境中的刺激因素。

强化常被用来建立或塑造儿童好的行为，惩罚则被用来消除不好的行为。

（三）后效强化原理

是指个人因为努力而成功，日后会更加努力。相反地，因为逃避而免于惩罚，日后会继续逃避。这就说明个人行为的后果会决定日后的行为。

➕ 知识补充站

桑代克的重要贡献

1. 第一个以科学方法研究动物行为，并建立系统学习理论的人。
2. 第一个建立同元素学习迁移理论的人。
3. 出版第一本根据科学验证资料来撰写的教育心理学专著。

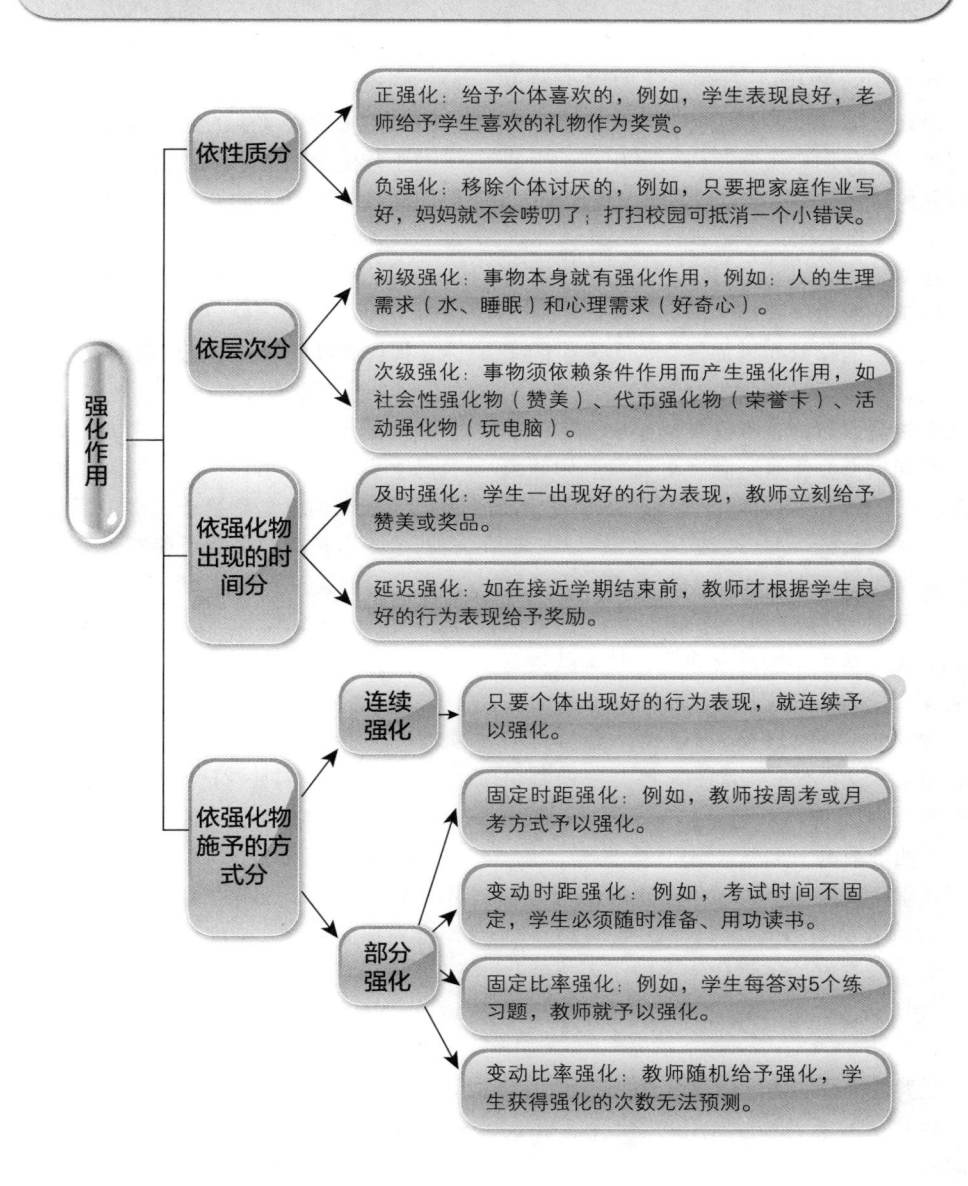

- 强化作用
  - 依性质分
    - 正强化：给予个体喜欢的，例如，学生表现良好，老师给予学生喜欢的礼物作为奖赏。
    - 负强化：移除个体讨厌的，例如，只要把家庭作业写好，妈妈就不会唠叨了；打扫校园可抵消一个小错误。
  - 依层次分
    - 初级强化：事物本身就有强化作用，例如：人的生理需求（水、睡眠）和心理需求（好奇心）。
    - 次级强化：事物须依赖条件作用而产生强化作用，如社会性强化物（赞美）、代币强化物（荣誉卡）、活动强化物（玩电脑）。
  - 依强化物出现的时间分
    - 及时强化：学生一出现好的行为表现，教师立刻给予赞美或奖品。
    - 延迟强化：如在接近学期结束前，教师才根据学生良好的行为表现给予奖励。
  - 依强化物施予的方式分
    - 连续强化：只要个体出现好的行为表现，就连续予以强化。
    - 部分强化
      - 固定时距强化：例如，教师按周考或月考方式予以强化。
      - 变动时距强化：例如，考试时间不固定，学生必须随时准备、用功读书。
      - 固定比率强化：例如，学生每答对5个练习题，教师就予以强化。
      - 变动比率强化：教师随机给予强化，学生获得强化的次数无法预测。

8-4 操作条件反射理论（二）

四、四种行为改变策略

（一）正强化

在学习过程中，为提高预期行为的出现，呈现个体喜爱的刺激物。例如：学生回答正确，教师用口头夸奖作为强化；学生的考试分数高于某一标准，教师给予集点卡。

（二）负强化

在学习过程中，为诱发预期行为的出现，撤走或取消厌恶的刺激物。简而言之，因为强化物的移除而增加该行为再发生的概率。例如：被罚站的学生只要不再与隔壁同学交头接耳，教师就准许其回座位坐下；学生上课如果专心听讲，就减少其家庭作业的分量。

（三）惩罚

在学习过程中，为减少非预期行为的发生，呈现让个体感到厌恶或不愉快的刺激物。例如：学生不按时交作业，教师就责骂或叫家长；小英每次打她弟弟，小英的父母就会让她面壁思过，希望她不会再打弟弟，这就是用惩罚（厌恶刺激）来抑制负面行为。

（四）消退

当学生表现出某种"不受欢迎的行为"时，教师立即终止学生行为，或取消（剥夺）学生所喜好的正强化物来减少不当的行为，如听音乐、游戏、竞赛、绘画或吃点心等。

五、经典条件反射理论在教育上的应用

幼儿学习单字时，所用的图形和字形的联对法。

可用来解释教室（或学校）恐惧症的原因。例如：学生因为考试差而遭到惩罚，结果心生恐惧，久而久之，就会对教室（或学校）感到恐惧。

可用来矫正学生的偏差行为。例如：有学习不佳的学生故意在课堂上发出怪声，借以引起教师注意。如果教师当众指责该生，那么反而会强化他的行为；如果不理会该生，那么就会减少他的不当行为，此为忽视法的应用。

六、操作条件反射理论在教育上的应用

（一）行为塑造法

又称"连续渐进法"，例如：训练儿童自己上桌吃饭。第一，开饭前，如果他可以自己走向饭前就立刻给予奖赏；第二，当他自行坐上座位就立刻给予奖赏；第三，当他坐定后可以拿起调羹就立刻给予奖赏；第四，当他可以自己用调羹吃饭就立刻给予奖赏。

（二）代币法

是指使用象征物来代替实际奖励，例如，用点券、积分卡、贴纸、荣誉卡、奖状等来兑换奖品实物，符合后效强化原理。

（三）普雷马克原则

欲获得想要的事物，就要先完成比较不想做的事情，又称"老祖母规则"。老祖母会对孩子说："吃完你的蔬菜，你就可以到外面玩耍。"应用到教育上，教师对学生说："只要做完功课，你就可以玩电脑。"或者说："如果大家可以安静上课，老师就讲故事给你们听。"妈妈对子女说："只要收好玩具，你就可以看动画片。"

四项行为改变策略的比较

策略	强化物种类	
	正强化物	负强化物
给予	奖赏或正强化	惩罚
拿走	消退	负强化

经典条件反射和操作条件反射理论的比较

	项目	经典条件反射理论	操作条件反射理论
不同点	刺激—反应联结方式	刺激在前，反应在后	反应在前，刺激在后
	反应内容	非条件反应 = 条件反应	非条件反应 ≠ 条件反应
	学习法则	刺激替代	后效强化
	行为产生方式	反应是被动引发的（如分泌唾液的狗）	反应是主动发生的（如迷笼的猫）
相同点		1.均受到某些条件所制约 2.学习均是"刺激—反应"联结的关系	

> **+ 知识补充站**
>
> **行为改变技术的应用**
>
> 　　小明故意把小沛的水杯打翻，老师要求小明向小沛道歉、帮小沛倒水、把地板擦干，甚至要求小明把全班的地板用拖把拖一遍。这是运用行为改变技术中的"过度矫正"策略。
>
> **代币法的应用**
>
> 　　老师为了鼓励学生踊跃发言，规定只要课堂上举手发言就可以拿到一张好宝宝卡，集满10张就可以在平时成绩加1分。好宝宝卡就是作为强化物的代币。
>
> **行为塑造法的应用**
>
> 　　小珊的英语考试成绩只有35分。老师告诉小珊，只要下次英语考试可以达到45分就可以得到奖品。后来小珊果然达到老师要求的标准，也获得了奖品。接下来老师又告诉她，下次考试要达到55分才会给奖品。老师采用的是连续渐进的行为改变技术。

8-5 社会学习理论

一、核心观点

社会学习理论认为，学习是经由观察和模仿他人（或榜样）的行为而得的，尤其是在儿童阶段，儿童通过观察和模仿可以间接习得许多知识。

二、班杜拉及其主张

美国教育心理学家班杜拉（A. Bandura）是社会学习论（又称修正的行为主义理论、模仿学习理论或观察学习理论）的创始人，他提出两个重点：

"刺激—反应"联结不是构成学习的必要条件，只是个体对环境认知的一种信息。

个体以旁观者的身份，观察他人的行为表现就可获得学习。

三、三元学习说

他提出"学习=环境因素+个人行为+个人对环境的认知"。学习不只是"刺激—反应"或因为强化物的出现，还包括个人对环境或刺激的主动认知。个人会知道做什么事会带来什么结果。

四、模仿学习的四种方式

直接模仿：是一种最简单的模仿学习方式，例如，幼儿模仿大人使用筷子吃饭。

综合模仿：综合多次所见来形成自己的行为，例如，儿童看到爸爸踩在椅子上修电灯，看到妈妈踩在椅子上擦窗户，他也学会踩在椅子上拿书架上的书本。

象征模仿：学习者模仿榜样人物的性格或行为背后代表的意义，而不是直接模仿其具体行为，例如，观看电影而学到有勇敢行为表现的人被称为英雄。

抽象模仿：学习者观察学到的是抽象原则，而非具体行为，例如，学生从教师对例题的讲解中，学到解题的原则。

五、儿童最常模仿的榜样对象

儿童心目中最重要的人，尤其是在生活上的影响最大的人。

儿童喜欢模仿相同性别的人。在家庭中，女儿模仿母亲，儿子模仿父亲，借以发展出性别认同。

儿童喜欢模仿曾获得荣誉、家庭社会经济地位较高的儿童的行为。

相同年龄、相同家庭社会经济地位的儿童，彼此也会喜欢互相模仿。

六、模仿（观察）学习的四个阶段

注意阶段：个体会注意榜样表现行为的特征，并了解行为所蕴含的意义。

保持阶段：个体观察到榜样某项行为后，会将观察所见转化为表征性的心象（记下行为的特征）或表征性的语言符号（能用语言描述榜样的行为）。

再生阶段：个体观察榜样行为后，纳入记忆，再以自己的行动表现出来。

动机阶段：个体不仅经由观察模仿，从榜样处学到行为，而且愿意在适当时机将学到的行为表现出来。

环境因素
(人、事、物)

学习理论的三元取向

个人对环境的认识和看法

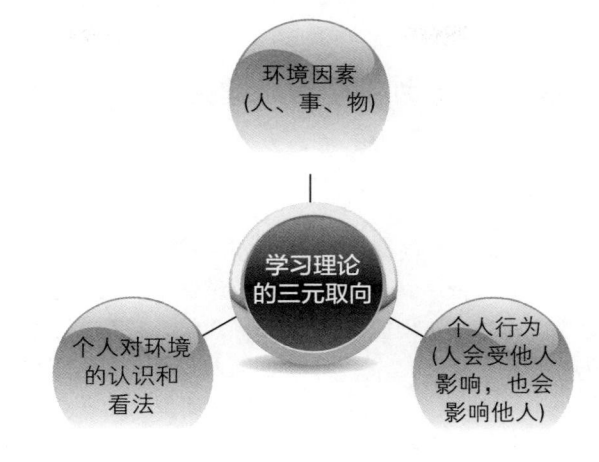

个人行为
(人会受他人影响，也会影响他人)

模范学生→榜样学习

+ 知识补充站

应用社会学习理论推动品格教育

提供良好的学习榜样：教师和家长要以身作则，表扬品行优秀的学生，让学生经由观察和模仿他人的良好行为表现，形成替代性强化而学会见贤思齐。

应用社会学习理论改进办公室公文延误状况

1. 树立良好榜样：上司以身作则，今日事今日毕。
2. 观察学习过程：
   （1）注意：个人会注意到身边同事都能准时处理好公文。
   （2）保持：个人会将观察所得记在心中。
   （3）再生：个人开始学习做到如期完成公文。
   （4）动机：个人因此获得上司奖励，产生自我强化，提升自我效能。

8-6　行为主义学习理论在教育上的应用

一、编序教学

先确定学生的起点行为和终点行为，把教学单元分成很多小单元，依序编成由易到难的教材，然后让学生循序渐进地完成学习，符合后效强化原理。

二、计算机辅助教学

原理大致与编序教学相同，即利用电脑的输入、储存、记忆、提取的优点，让学生通过计算机操作来学习知识。

三、精熟学习

由美国心理学家布鲁姆（Bloom）和卡罗尔（Carroll）提出，认为学习成就差异主要是因为所需的学习时间不足；只要给予学生足够的时间，每个学生都能成功学习。

影响学生学习的两个因素：稳定变量（如智力和家庭社会经济地位等）和可改变变量（认知和情感的起点行为、教学质量）。

（一）教学策略

先将教材区分为许多小单元，每1~2周教完一个单元。

针对教学目标来设计评测题目，使所有学生都能达到80%~90%的正确率。

每次评测后立即核对答案，没有通过者施予补救教学。

学习速度较快者，施以充实教学（加深、加广）。

举行期末评测，预期80%的学生可以考到甲等。

（二）教学步骤

精熟学习计划的拟订：分析学习目标；编排学习内容；编制形成性评测；设计反馈校正及充实活动；编制总结性评测。

精熟学习的实施：精熟学习法的引导；精熟教学，包括提示、参与、强化与奖赏、回馈及校正；进行形成性评测；引发学习动机；校正及充实活动的安排。

进行总结性评测。

四、凯勒计划

美国哥伦比亚大学心理学家凯勒（F. S. Keller）在1960年代提出个人化教学系统（Personalized System of Instruction，简称PSI），就是所谓的凯勒计划。凯勒计划属于个别化教学理论之一，受到行为主义心理学的影响，该计划的提出试图改进当时教学的缺失。教学全程几乎看不到教师讲课，而是采用学生自学辅导的方式，学生可以在任何地方和任何时间进行学习。学习告一段落就可以要求教师给予考试评测，考完后由教师或教学助理立即批改，如果通过熟练标准，学生就可决定继续参加下一单元考试或做其他活动。

五、自我调整学习

班杜拉认为，人会观察自己的所作所为（自我观察），也会自己设定某些行为标准（自定标准），以自我赞许或自我惩罚（自我奖惩）的方式去评估自己的行为（自我评估），如果觉得自己的行为符合标准就会感到满足，进而强化这个行为（自我强化）。

> 今天数学考了90分，真是开心。

> 今天数学考了90分，对自己的表现好失望！

+ 知识补充站

自我调整学习

人会观察自己的行为，也会设定标准来判断自己行为的表现，然后给予自我强化或惩罚。例如：数学同样考90分，有的学生会很高兴，觉得自己的表现很好，有的学生会觉得相当失望。所以，我们可以教导学生学会监控和调整自己的行为。

负强化物和惩罚的比较

项目	负强化物	惩罚
意义	提供厌恶刺激，个人为避免厌恶刺激而产生回避学习，做出期望塑造的良好行为。	施予式处罚和剥夺式处罚，让个人因为遭受到痛苦刺激，立即停止不良行为，并知道错误所在。
目的	建立良好行为。	避免不良行为发生。
使用时机	个人需表现出良好行为，以避免接受负向强化物，未接触到厌恶刺激。	个人表现出不良行为，被迫接受厌恶刺激。
缺点	施行不当会产生不适应的行为，如产生教室恐惧症。	施行不当会导致敌对或自虐行为。

第九章

认知主义心理学的学习理论

章节体系架构

- 9-1 认知主义心理学概述
- 9-2 布鲁纳的发现学习理论
- 9-3 奥苏贝尔的意义学习理论
- 9-4 信息处理学习理论（一）
- 9-5 信息处理学习理论（二）
- 9-6 知识学习分类和学习策略
- 9-7 元认知及其教育含义
- 9-8 自我调整学习策略
- 9-9 认知风格与学习风格

9-1　认知主义心理学概述

一、对学习的看法
①学习是个体内在心理运作、思维活动的历程。
②学习是个体对事物经由认识、辨别、理解而获得新知识的历程。
③学习是内发的、主动建构的历程。
④学习是演绎的历程，由普遍原则到特殊事例。
⑤学习可以促进学生主动求知的能力。
⑥重视学生思维的改变历程，强调意义化、知识结构和学习策略。
⑦重视学生"学习如何学习"的能力培养。

二、认知主义心理学的发展
起源：哲学心理学时期，西方哲学家提出知识论来探讨人类知识的起源，分为理性主义（先天理性）和经验主义（后天经验）两个派别。

第一个阶段：19世纪末至20世纪20年代
冯特倡导结构主义，他采用内省法来探讨人类的意识结构。其后，詹姆斯倡导功能主义，提出短时记忆和长时记忆等术语。

第二个阶段：20世纪20~60年代
完形心理学（又称格式塔心理学）兴起，以探讨知觉组织、思维和解决问题等课题为主。

第三个阶段：20世纪60年代以后
苏联发射斯普特尼克人造卫星升空这一事件导致美国开始重视知识教学。其中，布鲁纳的发现学习理论和奥苏贝尔的意义学习理论受到重视。

奈瑟尔在1967年出版《认知心理学》一书，确定了认知心理学的名称。
计算机的发明与应用使得研究认知心理学更加便利。
语言心理学的发展丰富了认知心理学的内容。

三、完形心理学的兴起
（一）代表人物
主要代表人物有三位，分别是：韦特海默（M. Wertheimer，1880—1943）、柯勒（Kohler，1887—1967）与考夫卡（K. Koffka，1886—1941）。三个人都是德国人，后期都移居美国。因此，完形心理学最初创于德国，后期传至美国发展。

（二）基本主张
完形心理学家认为："部分的总和不等于整体，因此整体不能分割；整体由各部分所决定。反之，各部分也由整体所决定。"由此推论，人类的认知系统如何把原本各自独立的局部信息串联整合成一个整体概念，正是"完形"心理学主要的研究课题。

行为主义和认知主义心理学的比较

学派	学习的定义	学习的历程	学习的结果	从逻辑思维的观点来看	教育上的应用
行为主义心理学	学习是刺激—反应联结的历程	外塑的、被动的、渐进的	外显反应	学习是归纳的历程（由特殊事例到普遍原则）	了解教学上如何分析教学情境，如何配合教材的不同单元设计教学进度，进而循序渐进达到教学目标
认知主义心理学	学习是个体对事物经由认识、辨别、理解，进而获得新知识的历程	内发的、主动的、整体的	思考方式	学习是演绎的历程（由普遍原则到特殊事例）	了解如何扩展学生的认知结构，促进学生主动求知的能力

✚ 知识补充站

柯勒的"顿悟学习"

柯勒对黑猩猩的学习进行了一系列的观察和研究，借以探究黑猩猩如何解决问题，是否具有智慧。例如：把猩猩引入房间，在高处放置香蕉，观察猩猩如何先用短棍去拿到长棍，再用长棍去拿到香蕉；或是猩猩如何将长短不同的棒子接合成更长的棒子才可以拿到香蕉。柯勒根据猩猩实验的结果建立了顿悟学习理论——动物或人通过顿悟可以知觉到问题情境中的目的与手段之间的关系。因此，他反对桑代克的试误说，认为桑代克设置的试探学习的实验情境，对动物来说太难，导致它们只能做出盲目的、随机的尝试错误的行为。

9-2 布鲁纳的发现学习理论

一、基本主张

布鲁纳教导学生学习主动求知的方法，包括发现、统合和组织等。

布鲁纳在《教育的历程》（The Process of Education）一书中，提出任何学科都能以某种合理方式教给任何儿童。这个合理方式是指，教师选择或设计适当的教学方法，将学习材料组织结构化，并配合儿童的心理发展。

布鲁纳提出认知表征论，是指人类在面对周遭新的环境事物时，会通过动作、图像及符号，将外在物体和事件转化为内在心理事件。

二、重要含义

鼓励直觉思考，活跃心智运作。直觉思考是一种不按逻辑推理的思考方式，鼓励学生根据好奇心和好胜心去寻求问题的答案。

学习情境富有结构性。具有结构性的学习材料有助于学生理解、不易遗忘，能产生正向的学习迁移（学以致用），培养学生养成化繁为简和独立研究的能力。

探索中发现的正误答案都有价值。学生自己发现答案错误所得到的反馈效果比教师订正后直接告诉答案的反馈效果好。

三、在教育上的应用

（一）教学设计四个原则

动机原则：学习要有动机才有效果，学生必须先喜欢学习、愿意学习。

结构原则：任何知识的传授，只要在教材组织结构上能配合儿童学习心理，都可以达到教学的良好效果。

顺序原则：教学之初必须考虑学生的动机与兴趣，引发动机和维持兴趣有助于学习。另外，配合学生智力发展的顺序，以及教材学科的性质，由具体到抽象，由简单到复杂，由动作表征到符号表征，学习自然事半功倍。

强化原则：教学时宜采用启发方式，让儿童在学习活动中自己发现原理原则，因而获得自我满足，产生强化作用。

（二）以人为学科中心的课程计划

布鲁纳开展了一项人文学科教学实验（Man: A Course of Study），让小学五年级的儿童自行探索三个问题的答案："人性是什么？人性是如何形成的？用什么方法来发扬人性？"

四、优点和限制

优点：有助于长时记忆；提升智力发展；维持较长的动机；培养独立求知与研究能力。

限制：缺乏先备知识和技能的人，较难主动发现学习；容易遇到困境和挫折；对思考缓慢的人比较不利；团体讨论时常被少数人把持发言权。

```
                    教师教学如何应用
                    发现学习理论
        ┌──────────┬──────┴──────┬──────────┐
   安排适当情境：   提出争议性的问   提供方向和线    教师应扮演催化者
   让学生主动发现   题：引发学生的   索：以引导学   的角色：引导学生
   知识和概念，用   好奇心和好胜心   生发现知识    主动建构知识
   以解决新问题
```

➕ 知识补充站

螺旋式课程

布鲁纳倡导"螺旋式课程"（spiral curriculum），他认为学习要从基础动作开始（动作表征），然后会产生印象的图片或影像（图像表征），最后使用语言和文字进行内化（符号表征）。因此，他在1960年提出螺旋式课程设计，是指根据某一学科知识结构的概念结构，配合学生的认知结构以促进学生的认知能力发展为目的，使学生的新旧经验衔接，从而产生正向学习迁移。

简单来说，它结合课程的持续性与顺序性，注意每一学科基本观念结构的交互关系，学习的基本观念结构为螺旋式的发展，即课程组织应重复基本观念，且应不断加深、加广。例如：教学生学会四则运算，课程设计方式由简单到复杂，由具体到抽象，先教加减后教乘除，螺旋间皆具有上下一贯的连续性及阶段上升的顺序性，最终让学生学会完整的知识。

应用螺旋式课程架构，教导自我概念到世界观

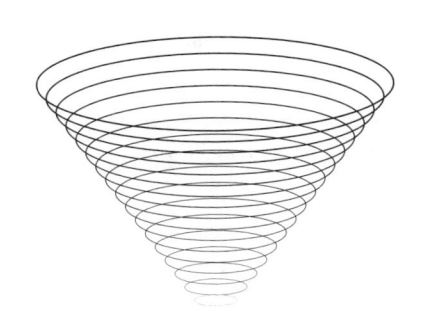

自我、家庭、社区、学校、国家、世界
自我、家庭、社区、学校、国家
自我、家庭、社区、学校
自我、家庭、社区
自我、家庭
自我

9-3 奥苏贝尔的意义学习理论

一、基本主张

反对行为主义学习理论，认为学习不应是机械式的反复练习和零碎知识的记忆。

不赞同布鲁纳的发现学习理论，原因在于花费太长的教学时间，而且不是所有学生都有能力去发现学习。

主张学生学习新的概念必须和自己的能力和经验产生紧密的关联，才会产生有意义的学习。

他认为教师如果能将学生在某一领域学习所获得的知识，用来促进在另一领域的学习（应用到其他类似且难度相同的情境），就会产生水平迁移，促使有效学习。

二、重要含义

①有意义的学习，必须配合学生的能力和经验。

②奥苏贝尔提出"要领概念"和"附属概念"：要领概念是指学生的先备知识，代表个人对事物的整体认识，可持久不忘；附属概念是指学生的暂时记忆，代表个人对事物特征的细部记忆，仅短暂记忆。

③提出"前导组织"（advance organizer），是一种唤起学生旧经验的工具：它是结合旧、新概念而有利于学习的教学技巧，促进正向的学习迁移。例如，教师上课开始时告诉同学："我们今天上课的重点，是气温越高，海水蒸发的速度越快。"教师将新知识的主要概念提出来，这会促使学生的新旧知识产生衔接，帮助对新学习材料进行理解。

前导组织主要有以下两种类型：

说明式前导组织：能提供学习者先备知识，例如，要大学生阅读一篇2500字有关埃及历史的文章，可以先安排学生阅读一篇500字有关埃及历史的简介。

比较式前导组织：能联结学习者的现存知识和新概念，例如，要大学生读一篇有关佛教知识的文章，可以先安排学生阅读一篇有关基督教知识的文章。

④提出"接受学习理论"，也称"讲解式教学"。因为学生必须接受教师提供的前导组织，然后运用自己的要领概念（先备知识）去主动求知。另外，教师要详细规划教材，然后采用"渐进分化"和"统整调合"的原则，条理分明地向学生讲解教材。

三、与发现学习理论的异同点

（一）相异点

发现学习理论强调教师是引导者，不讲解教材内容，但意义学习理论强调教师必须采用讲解式教学。

（二）相同点

均重视学生学习的主动性。

均强调先备知识的重要性。

均认为认知结构对吸收知识极为重要。

认知结构是持续不断改变的。

```
                                    前导组织
                            ↙                    ↘
     说明式前导组织：例如，教导           比较式前导组织：例如，教导
     学生认识"钢"之前，先教导            台湾的地形时，可比较平原、
     "合金"的概念。                       丘陵、高山和高原的异同。
```

```
              → 水平迁移：个体应用所学经验到其他类似且难度相同的情境。

   学习迁移   → 垂直迁移：个体应用所学经验在新情境中重新组合，形成更高一层的
                         学习。

              → 训练迁移：学生将训练课程中习得的经验，有效地运用到学业表现中。
```

```
              意义学习理论=接受学习理
              论=讲解式教学=陈述式教学
            ↙                              ↘
       提供前导组织                     呈现学习材料
       ↙         ↘                    ↙              ↘
   说明式      比较式           渐进分化：由一      统整调合：将分
   前导组织    前导组织         般概括说明到详      化的知识再前后
                                细内容的讲解        连接起来
```

发现学习理论和意义学习理论的比较

项目		发现学习理论	意义学习理论
不同点	教师角色	教师是引导的角色，不讲解教材，只是鼓励学生主动求知	教师必须提供前导组织，然后详细规划教材，再条理分明地对学生讲解教材
	方法	归纳法	演绎法
	学习者	学习者程度佳，能主动发现意义	学习者须进行先备知识的联结
	教材	教材的意义与其他事物有关联	新教材与认知结构有关联
相同点		1.均重视学生学习的主动性 2.均强调先备知识的重要性 3.均认为认知结构对吸收知识极为重要 4.认知结构是持续不断改变的	

第九章 认知主义心理学的学习理论

9-4　信息处理学习理论（一）

一、起源与发展

（一）起源

起始于20世纪50年代初期，盛行于20世纪60年代后。

（二）兴起原因

实际需求的影响：现代工业技术人员的遴选和训练需求增加，既有的心理学知识和研究方法不足以应对。

通信研究的影响：电话、电报和雷达等技术和设备发达，为改进通信效果，研究人类如何接受信息。

计算机科学的影响：计算机处理信息的模式（输入、编码、储存、检索、译码和输出），提供了研究人脑的主要工具。

二、重要含义

人就像计算机一样，能经由感官、注意、辨识、转换、记忆及内在心理活动，吸收并运用知识。

强调"人性"的重要性，人的学习不是被动的"刺激—反应"联结，人与环境会有交互作用，会主动选择和操控环境，进而获得知识。

人的信息处理是阶段性的，各阶段功能不一样（前段是暂时性的，后段是永久性的），且是交互作用下的复杂过程。

三、信息处理的一般模式

（一）感觉记忆

约3秒以下的短暂记忆。人通过视觉、听觉、味觉和嗅觉等感觉器官，对外在刺激所产生的反应。有的会加以注意并编码成短时记忆，有的则被遗忘。

（二）短时记忆

是在意识阶段的记忆，短时记忆再加以复习，就会进入长时记忆。短时记忆多以声码为主，形码和意码为辅。短时记忆的容量是有限的，为了扩大这个容量，米勒（Miller）提出"神奇的七加减二"（Magic 7 ± 2），也称"记忆区块作用"（chunking），也就是把许多个小区块组合成一个大区块来记忆。短时记忆产生遗忘的原因有二：一是衰退，是指记忆的痕迹被时间侵蚀了，记忆的细节变得很模糊；二是取代，是指旧的记忆被新的记忆推挤出去了。不过这样也有好处，否则我们的短时记忆就会挤满许多不需要的信息。

（三）工作记忆

工作记忆（working memory）也称主动记忆（active memory）。短时记忆就像是一个短暂的堆积月台，但是通过工作记忆把信息加以分类、处理和组织后，许多的短时记忆就会被进一步认识和理解，刻意保留（登记）后就成为长时记忆。所以，工作记忆等于是一个心智的活动场所，是一个主动的信息处理机制。

（四）长时记忆

已经超出意识阶段的记忆，长时记忆是永久性的，以有意编码为主，记忆容量无限大。

情景记忆：有关生活情节的实况记忆，例如，弹吉他、骑自行车、编毛线、开车。

语义记忆：有关语文表达知识的记忆，例如，记得四则运算的原则、记得围棋的游戏规则等。

信息处理心理过程图示

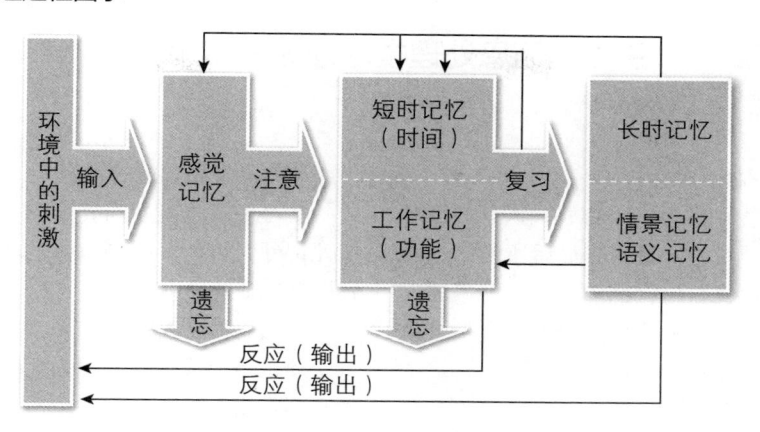

```
环境中的刺激 →输入→ 感觉记忆 →注意→ 短时记忆（时间）／工作记忆（功能） →复习→ 长时记忆／情景记忆／语义记忆
                      ↓遗忘              ↓遗忘
                      反应（输出）
                      反应（输出）
```

✚ 知识补充站

为什么该记的总是记不住，想忘的却忘不了？

记忆的过程有编码、储存和提取。编码（encoding）是指个体通过心理运作，将外在感官刺激转换为抽象的心理表征，并置放在记忆里。储存（storage）是指各种不同性质的信息，进入大脑皮层的各分区。提取（retrival）是指将储存的信息通过译码的心理运作过程，还原为编码以前的形式，并表现为外显行为。

一个人该记的总是记不住，问题出在编码过程，可能是感觉记忆没有注意到，或是短时记忆没有对记忆的材料加以复诵，于是海马回无法凝固学习材料。想忘的却忘不了，问题出在储存过程，因为进入长时记忆后无法任意删除。

神奇的数字七加减二

美国心理学者乔治·米勒（George Miller），于1956年发表了一篇著名的论文《神奇的数字七加减二》，描述了记忆容量的极限，也就是说，一般人在惊鸿一瞥之下所能记忆的数字平均数是7位，其个别差异为5~9位数字。但乔治·米勒还提出了跨越7±2的记忆方法——"记忆区块（chunking）"。

例如：想记住"葡萄美酒月光杯欲饮琵琶马上催醉卧沙场君莫笑古来征战几人回"这28个字是相当困难的，但如果能组合为7个1组就比较容易记忆，如"葡萄美酒月光杯，欲饮琵琶马上催，醉卧沙场君莫笑，古来征战几人回"。

9-5　信息处理学习理论（二）

四、影响记忆的因素

（一）序列效应：首因效应和近因效应

是指在学习时，最初和最后所学的东西往往是最记忆犹新的，例如：记一连串的人名，最前面几个和最后面几个的名字最容易记得，中间的人名则记不太起来。

（二）闪光灯效应

是指重大事件会造成深刻印象，例如：老师上课上到一半的时候说鬼故事，学生会对这个故事印象特别深刻。

（三）莱斯托夫效应

是指对于特殊的人、事、物，会有比较深刻的印象，例如：学校毕业后还记得班上最淘气的同学叫什么名字。

（四）舌尖现象

是指当我们试着去回忆一些已经记得的事，记忆搜索已经很接近目标了，但一时却仍然想不起来。例如：我们常常在要讲出一个名字或者地名时，答案已经到嘴边了，但就是说不出来。

五、遗忘的原因

（一）记忆痕迹衰退

如果学习后有持续不断的练习，已经产生的记忆痕迹就会保持；与此相反，如果不加以练习，就会导致记忆痕迹随着时间而衰退，产生遗忘。

（二）记忆储存干扰

倒摄抑制：是指新学习的材料会干扰旧知识的保持。

前摄抑制：是指旧记忆会干扰新记忆的保持。

（三）学习理解的程度

学习理解程度越高，遗忘率就越低。就像死记硬背可能一时会有好的考试成绩，但长期来看则效果不佳。

（四）动机或兴趣

动机是形成遗忘的原因之一。例如：和"心不在焉"的人说话，他对你所问的问题常是"答非所问"或"文不对题"的，事后对你的问题和谈话都记不得，这是因为他缺乏动机，没有用心去记忆。

（五）情绪

根据弗洛伊德的精神分析理论，对于痛苦的经验，人会不堪回忆，会把这些不愉快的记忆全都压抑在潜意识中，这种现象称为"动机性遗忘"。

六、失真的记忆

记忆会受到个人先前获得的知识（既有的概念架构）影响，而产生失真现象。

例如：在一个实验中让受试者看一个车祸的短片，看完之后请他回答："你有没有看到那个破掉的车灯？"另一个问题是："你有没有看到一个破掉的车灯？"结果多数的受试者对第一个问题回答："有看到那个破掉的车灯。"这是因为第一个问句是引导性的，意思是"那里真的有个破的车灯，问题是你见了没有？"由此可知，受试者受到文字的影响甚于视觉的影响。眼见不一定为真，目击者常会用推论假设去填补记忆中的空白，促使记忆变成一个重建的过程。

内隐记忆=默会知识

一位好的球员不会记得他是何时、何地把球技训练精良的，这就是内隐记忆。

一位好的钢琴演奏家在弹琴时，不会特别记得这一段是何时何地练熟的，因为他没有自觉"记得"如何弹琴这件事。

遗忘的原因
- 记忆痕迹衰退
- 记忆储存干扰
- 学习理解程度高低
- 动机或兴趣的强弱
- 不愉快的情绪

第九章　认知主义心理学的学习理论

➕ 知识补充站

目击证人的证词为何无法作为有效证词？

这是因为目击证人的记忆会依个人经验和知识产生记忆重建，造成记忆扭曲（简化事实、无中生有、加油添醋、合理化），因此目击者的证词有时是错误的记忆，经常无法取信。

为何测谎仪的结果不能作为有效证据？

一般警察或检察机构为判断供词的真伪，会使用测谎仪来探测受测者因情绪所产生的自主神经系统活动，记录所引发的生理反应，如脉搏、血压和呼吸量等。它的原理是说谎的人容易出现情绪唤起，在情绪起伏的状态下所产生的生理变化，不是个人能控制的。但是外界的刺激和个人内在的心理状态也有可能导致生理异常变化，所以法官虽然承认测谎报告具有证据效力，但不会单凭报告就将被告定罪。

9-6 知识学习分类和学习策略

一、知识学习的分类

（一）陈述性知识

又称语义性知识，是指有关事实性或资料性的知识。例如：人名、地点。

（二）程序性知识

是指按照一定操作流程而获得结果的知识。例如：解答数学题、开车、操作机械、理化实验和烹饪、缝纫等。

二、有效的学习策略

（一）陈述性知识的学习策略

1.机械学习法：是指不经理解，纯靠记忆背诵的一种方法

（1）加强短时记忆的机械学习法

①把资料看清楚，多次练习或复习。

②记单字时，形码（字形看清楚）、声码（念出声音）、意码（了解意义）、动码（动笔写字）并用。

③运用记忆区块原则来扩大记忆容量。

④利用工作记忆原则，记东西时特别留意其特征，例如："冶"是"治"字少一点。

（2）加强长时记忆的机械学习法

①有计划地练习，例如：分散练习或集中练习。

②轨迹法，例如：考试时回想课本上的图、照片或文字。

③字钩法，又称标记字法，把要记住的字"标记"在上面，就像置物架上有挂钩可以挂住东西。

④音韵谐音法，使用相似读音来记忆某些零碎、散乱、毫无意义的记忆材料。

⑤歌诀记忆法，运用节奏韵律、押韵歌诀来记忆长篇累牍的材料或零碎散乱的知识。

2.意义学习法：是指当学习材料配合学生的认知结构时，学习才有意义

（1）读书首重理解

读书时将书中内容与长时记忆核对，进而纳入既有的认知结构中或进行运作思维。例如：查字典。

（2）兼采双向处理策略

由上而下处理（提供前导组织，读一本书或一篇文章时可以有概略的认识）+由下而上处理，如"SQ4R法：浏览（survey）、质疑（question）、阅读（read）、记诵（recite）、复习（review）、反映（reflect）。"前两步骤是由上而下处理，次两步骤是由下而上，最后两步又是由上而下处理。

3.读书技巧

包括圈点画线、生字注解、笔记摘要、列出纲要、绘出树状图、画思维导图或鱼骨图。

（二）程序性知识的学习策略

通过熟练让自己可以达到自动化处理（automatic processing）的境界。例如：在学校里教授技能性的课程（如弹琴、打字、烹饪、缝纫），只要能依照一定程序运作（如标准作业流程），就能确保学生获得某种知识成果。

字钩法

A is Apple
B is Boy
C is Cat
D is Dog

歌诀记忆法

配合儿歌"哥哥爸爸真伟大"来记忆中国历朝历代:"黄尧虞舜夏商周,秦汉接三国。魏晋南北朝,五胡十六国。隋朝唐朝五代十国,宋辽金元接明清。"

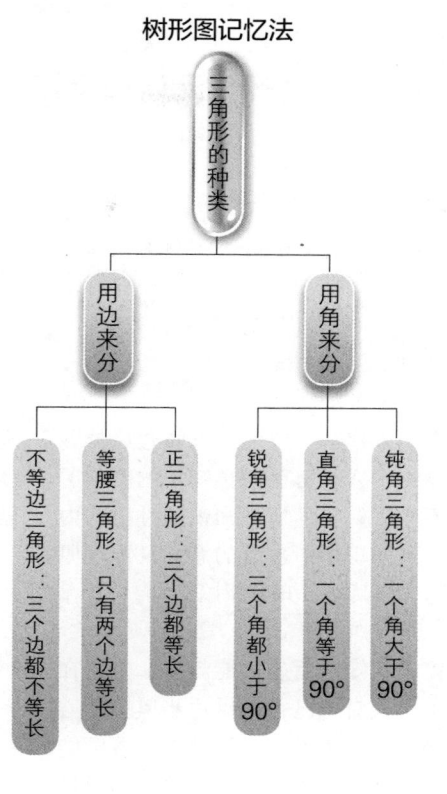

树形图记忆法

三角形的种类
- 用边来分
  - 不等边三角形:三个边都不等长
  - 等腰三角形:只有两个边等长
  - 正三角形:三个边都等长
- 用角来分
  - 锐角三角形:三个角都小于90°
  - 直角三角形:一个角等于90°
  - 钝角三角形:一个角大于90°

音韵谐音法

数学课要记住2的开平方值1.41421,我记成"意思意思而已"。

战国七雄"韩、赵、齐、魏、楚、燕、秦",我记成"烘灶起火煮香肠"(闽南语发音)。

第九章 认知主义心理学的学习理论

9-7　元认知及其教育含义

一、元认知的意义
①元认知（meta cognition）又称原认知、反省认知或统合认知。
②是指个人对自己认知过程的认知。

二、元认知的知识和技能

（一）元认知知识
重点在于"理解"以及"求知之后得到知识"。是指个人对自己所学知识的明确了解；个人不但了解自己所学知识的性质与内容，而且知道知识中所蕴含的意义及原理原则，正所谓"知其然，知其所以然"。

（二）元认知技能
重点在于"知之后确实能行"。是指在求知活动中个人对自己行动做适当监控的心理过程。例如：初中学生演算数学习题，能确实做到程序适当、方法正确、检查结果后确定正确。

三、代表人物

（一）弗拉维尔（J. Flavell）
最早提出元认知一词的学者。他将元认知定义为"个人对本身认知过程、认知产物或其他相关事物的知识"。

元认知知识：是指个人经由经验的累积，而储存于长时记忆中的知识和信念。

元认知经验：是指个人知道自己是否知道或什么时候知道。例如：学习者试图解决课业的困难时，常常会自知解题进展是否顺利。

（二）布朗（Brown）
他认为元认知就是个人对自己的思考和学习活动的知识，包括计划、预测、分析、探索、监控、测试、修正、检验及评估等活动。

认知的知识：是个人对自己认知过程的知识。例如：学习者觉察到自己优缺点以及学习情境的要求。

认知的调整：用来调整和监督学习活动，包括计划活动、学习中监控活动，以及核查活动结果。

四、元认知在教育上的应用
教学时能要求学生做到元认知，相当不容易，但教师仍可试着努力。

教导学生元认知之前，教师必须对所教科目和教材有元认知，要先能知也能行。

应用于阅读理解教学的示例：

阅读前：先教导学生浏览文章的标题、次标题、图表及摘要，先对文章组织梗概有所了解，然后根据标题引出相关知识和预测作者的意图。

阅读中：教导学生自我发问（例如：这个段落在说什么？我哪个地方不清楚？）来澄清文章中的含糊处，以监控自己是否理解。

阅读后：教导学生写摘要、提问题、预测考试题目，引导学生更深入地了解文章中的重要信息，并觉察自己学到了什么。

元认知理论架构图

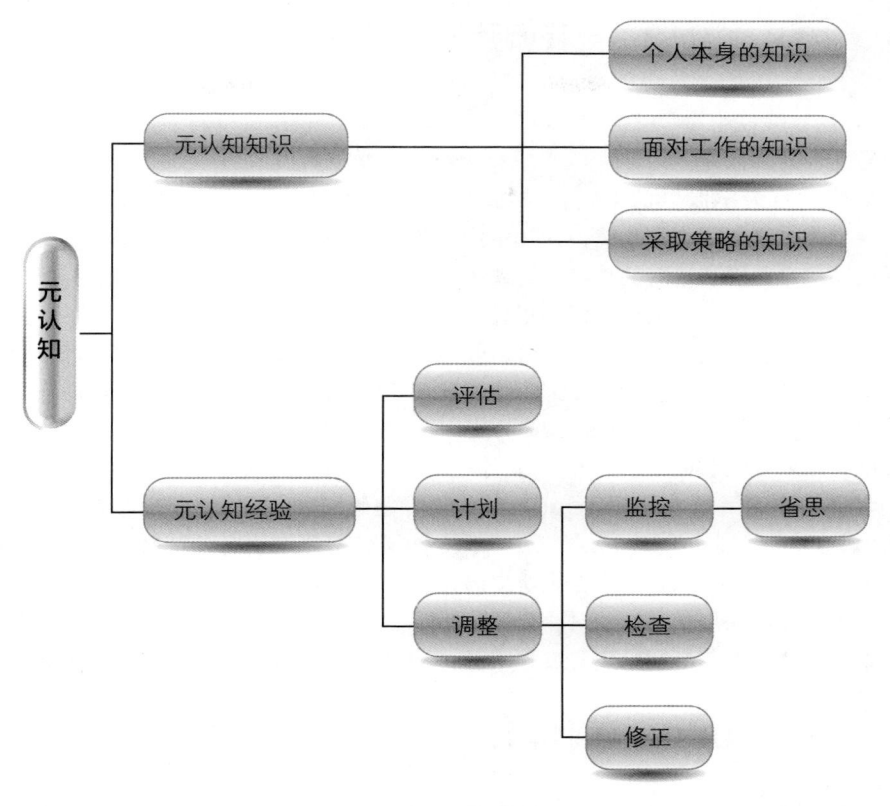

```
元认知 ─┬─ 元认知知识 ─┬─ 个人本身的知识
        │              ├─ 面对工作的知识
        │              └─ 采取策略的知识
        │
        └─ 元认知经验 ─┬─ 评估
                       ├─ 计划
                       └─ 调整 ─┬─ 监控 ─── 省思
                                ├─ 检查
                                └─ 修正
```

  根据弗拉维尔的理论，元认知可以分为"元认知知识"及"元认知经验"两部分。元认知知识包含：个人本身知识、面对工作的知识及采取策略的知识。元认知经验则是经由认知思维从事求知活动时，自己能对解决问题的过程做到自我管理，包括评估、计划、调整、监控、修正、省思等。

9-8　自我调整学习策略

一、学习策略概念的演变

早期受"行为学派"的影响,学习策略概念偏重外在学习行为和环境;1970年代后期受到"信息处理理论"的影响,重视认知策略,如复述、组织意义化;1980年代受"元认知"的影响,重视认知的计划、监控、评估和调整,之后也涵盖"支持性策略",如集中注意力、降低焦虑、提升态度、安排学习时间和环境。

二、自我调整学习策略（self-regulated learning）

提出： 自我调整一词是由班杜拉所提出的,认为当学习者从事学习活动时,会通过自我观察、自我判断与自我反应等过程来调整其学习行为。

①自我观察：对自己行为做周期性的观察,以了解变化情形。

②自我判断：为自己行为确立某个目标,借此来判断自己行为与标准之间的差距,并引起肯定或否定的自我评估的过程。

③自我反应：评估自己行为后产生的自我满足、自豪、自怨和自我批评等内心体验。它是个人兴趣满足和自尊发展的重要基础。

理论架构： 20世纪90年代由齐默尔曼（Zimmerman）和香克（Schunk）等人建立起一套自我调整学习的理论架构。主张学习是一种主动、建构的过程,学习者会为自己的学习设定目标,并试着监控、调整和控制自己的认知活动。

基本假定： 学习者在学习过程中扮演主动参与的角色;此外,学习过程中,个人内在会产生自我导向的反馈圈。

重要观点：

①个体会通过自己的观察,以及经验到的外在行为结果进行判断,然后对自己的认知、动机、情感及行为产生监控、评估与修正。

②可用以协助自己对学习过程做全面的了解和有效的监控,并从中做适当的调整,以提升学习成效。例如：在有限的时间内完成指定阅读范围内容的作业,或是进行一个专题研究报告撰写时,学习者会自定目标,并设定计划与执行的策略来完成此目标,也会同时监控各种反馈,评估目标的进展。

③教育的目的在于培养学生成为终身的学习者。一位自我调整的学习者能够察觉自我的不足,并经由适当策略的运用,提升不足之处。这样的学习方式是一个反馈式的循环历程,学习者借此不断自我调整,成为一位终身的学习者。

三、自我调整学习的四个充要条件

能够自己确立学习目标。

能够意识到自己拥有的学习策略,并确信它对自己学习的价值。

确信自己能够成功地进行自我调整学习的行为。

具有为自己学习的意识与动机,并把学习当作一个积极的过程,努力去探究、追求与享受。

四、自我调整学习循环模式的步骤

自我的评估与监控。

目标的设定与策略的计划。

策略的实行与监控。

策略结果的监控。

自我调整学习三阶段的循环反馈圈

齐默尔曼主张自我调整学习应该包含：学习前的思考计划（forethought）、学习中的表现与意志控制（volitional control）、学习后的自我省思（self-reflection）三个阶段，而且这三个阶段会形成循环并影响个人的学习结果。

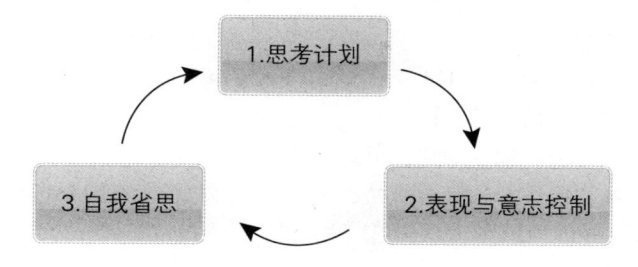

```
        1.思考计划
       ↗         ↘
3.自我省思  ←  2.表现与意志控制
```

自我调整学习循环模式的四个步骤

（一）自我的评估与监控：学习者开始学习一个不熟悉的主题时，可以持续地记录自己所做的每一件事，察觉到自己浪费许多学习时间在其他无关的事情上。

（二）目标的设定与策略的计划：教师教导学习者怎样去分析学习任务，设定有效的目标，并选择正确的策略。

（三）策略的实行与监控：执行学习者所选择的策略。

（四）策略结果的监控：学习者要监控每一种不同策略所产生的结果，以了解每一种策略的效用。

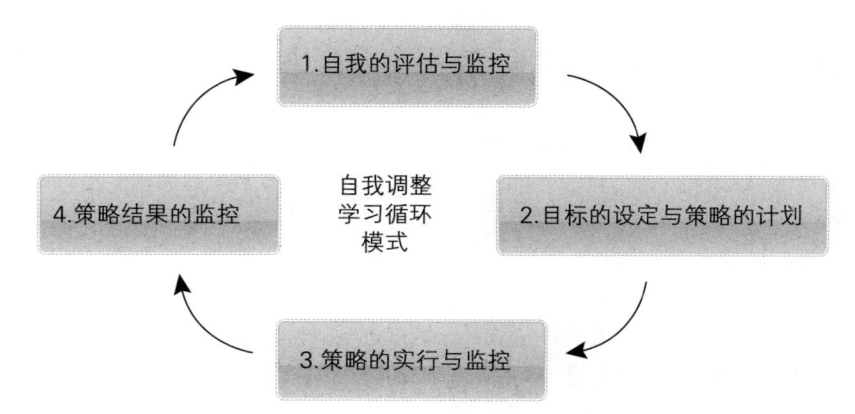

```
           1.自我的评估与监控
          ↗                ↘
4.策略结果的监控   自我调整    2.目标的设定与策略的计划
          ↖    学习循环模式  ↙
           3.策略的实行与监控
```

9-9　认知风格与学习风格

一、认知风格与学习风格的意义

（一）认知风格（cognition style）

是指一个人面对问题情境时，在认知上所表现出来的习惯性特征，包括知觉、记忆和思维等内在心理过程；认知风格的研究起始于20世纪50年代，盛行于20世纪60年代。

（二）学习风格（learning style）

是指学生面对学习情境时，在行为上所表现出来的习惯性特征，包括认知、情感和生理三个范畴；学习风格的研究起始于20世纪70年代，流行至今。

二、认知风格研究的发展

（一）荣格的分析心理学：20世纪20年代

荣格（Carl G. Jung, 1875—1961）创立了分析心理学（analytical psychology），他认为人的性格可以简单区分为：

①内向型：个性安静，不善于社交。
②外向型：个性活泼好动，且善于社交。

从心理功能又可细分为：

①感觉型：只凭感官认识这个世界。
②直觉型：单凭直觉来判断事物。
③思维型：凡事谋定而后动的人。
④情感型：依自己喜好来做事的人。

（二）威特金的研究：20世纪50年代

威特金（H. A. Witkin, 1916—1979）被称为认知风格之父，他依据人受到场域刺激的影响，把人的性格区分为：

①场独立型：做事不容易受到场域刺激变动的影响；这种人偏好独立思考，喜好自然学科，喜欢的工作类型是机械修理之类的工作。

②场依存型：做事很容易受到场域刺激变动的影响；这种人偏好社会参与，喜好社会学科，喜欢的工作类型是社会服务之类的工作。

另外，他依据人遇到问题时的反应快慢，把人的性格区分为：

①冲动型：对问题反应较快，但错误较多的一种习惯性格。
②沉思型：对问题反应较慢，但错误较少的一种习惯性格。

三、学习风格的四个类型

（一）环境面

不同学生对于学习环境的需求不同。有的需要安静，有的需要声响；有的需要光线明亮，有的需要光线柔和；有的需要温暖，有的需要凉爽；有的需要固定座位，有的随遇而安。

（二）情感面

不同学生学习时的心理状态不同。有的很有毅力，有的半途而废；有的有责任感，有的敷衍了事；有的按时交作业，有的延迟交。

（三）生理面

不同学生学习时的生理需求不同。有的靠视觉学习，有的靠听觉学习；有的边看书边吃东西，有的绝对禁食；有的在上午精神好，有的在晚上精神好。

（四）社会面

不同学生学习时需要和他人互动的需求不同。有的偏好团体合作，有的偏好独立完成；有的选择固定对象合作，有的不选择对象合作。

场依赖型和场独立型的比较

认知风格	信息处理方式	喜欢的学科	喜欢的工作	个性
场依赖型	被动接受场域刺激的原貌	社会学科	社会服务	偏感性，偏好社会参与
场独立型	主动改变或重视场域刺激	自然学科	机械修护	偏理性，偏好单独行事

威特金的隐图测验研究：能指出A、B、C、D、E何者隐藏在下面两张繁图中的人，就是场独立型的人。以下是隐图测验的部分例题。

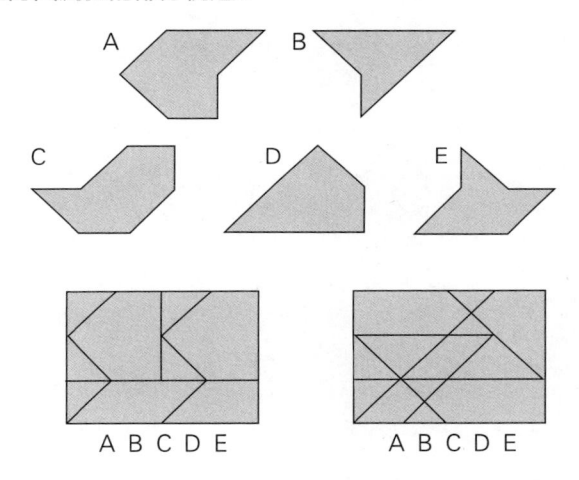

> **+ 知识补充站**
>
> **勒温的场域理论**
>
> 妈妈有时候说："大雄，你这么大了还在看动画片，关掉电视去读书。"有时候又说："大雄你还太小，不可以一个人去看电影。"大雄常觉得心理冲突，既不被算作大人，又不能做小孩原本能做的事情。请问哪一种理论可以勾勒出青少年所处的情况？
>
> 解答：勒温（K. Lewin）的场域理论，法则是B=f（LSP），B是指行为，LSP是生活空间（life space），行为是生活空间的函数。勒温把青少年视为边缘人，要他放弃儿童时期的事物，又不把他视为成年人。

第九章 认知主义心理学的学习理论

第十章

人本主义心理学的学习理论

章节体系架构

10-1　人本主义心理学概述

10-2　马斯洛的学习理论

10-3　罗杰斯的学习理论

10-4　人本主义学习理论在教育上的应用

10-1 人本主义心理学概述

一、人本主义心理学的起源与发展

（一）起源

人本主义心理学也称"现象学心理学"。是20世纪50~60年代产生于美国的一种心理学思潮改革运动；反对行为主义的环境决定论和弗洛伊德的精神分析论，主张研究人的本性、潜能、经验、价值、创造力及自我实现等，故人本主义又被称为心理学的"第三势力"。

（二）人本主义心理学的兴起原因

1.哲学心理学的历史背景：受到存在主义和现象学的影响

存在主义强调人既然存在，就有思想和行动上的绝对自由，有权利选择自己的生活目标和方式，但也要对自己的命运负责（我自由、我选择、我负责），这是因为人有自我意识，故应尊重人性。因此，存在主义在教育主张上强调每个人要培养真诚、决断、忠实、创造力及责任感等自律的人格特质，使自己能做个自由人、抉择人及负责人。

现象学兴起于20世纪的德国，创始人胡塞尔（E. Husserl）认为欧洲科学危机源于被误导的理性主义，已经使人物质化和机械化，人与人的关系日渐疏离。因此，现象学在教育上鼓励学生运用现象学的方法来认识真实的生活世界，强调师生关系是"互为主体性"的，教师要了解学生的行为就要设身处地去了解他的观点和想法。

2.教育科技及社会运动的影响

1960年代是行为主义心理学盛行的时期，教育科技化蔚然成风，但当时的种族人权问题和越战等因素导致美国社会动荡不安，因此有人开始检讨原因在于"重科学轻人文"，认为学校教育应该教导学生认识自己、了解别人、关心社会。

二、人本主义心理学的主要观点

认为人是不可分割的整体，人有自己的需求、意愿、经验、能力、痛苦和快乐。

人性本善论是人本主义心理学基本人性观的基础。

需求层次理论是人本主义心理学的动机理论。

自我实现理论是人本主义心理学基本理论的核心。

开展以人为本、以学生为中心的教育，重视"教人胜于教书"，主张教育要从学生需求出发，帮助学生学习他喜欢且有意义的知识。

强调建立真诚互信的师生关系，培养能适应改变及懂得如何学习的人。

三、积极心理学的兴起

积极心理学（positive psychology）一词源于马斯洛《动机与人格》一书，真正将其发扬光大的人是塞利格曼（Seligman）。这项理论可以帮助人们生活得更有意义，也更积极地面对人生中的压力和挑战。它的研究有三大方面：

①探究正向情绪和经验，包含快乐和幸福等。

②探究正向特质，包含自我决定、乐观、情绪智力（E.Q.）、逆境智力（A.Q.）、创造力和美德（virtues）等。

③探究正向环境，包含社会关系、文化规范和家庭影响等。

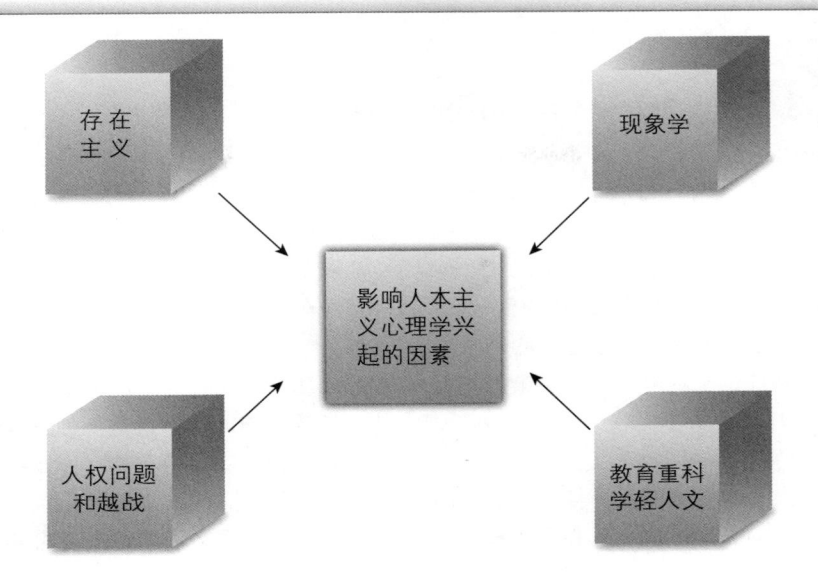

```
        存在              现象学
        主义
            ↘          ↙
           影响人本主义
           心理学兴
           起的因素
            ↗          ↖
      人权问题          教育重科
      和越战            学轻人文
```

➕ 知识补充站

存在主义与教育

存在主义最关心人的本质、人与世界的关系，以及"存有"的观念。代表人物萨特指出"存在先于本质"，认为人在面对生活中的痛苦、罪恶与死亡时，人的"存有"就是自己做自由决定的能力，借着自由决定的行动，自我才不会受限于外在现象或昧于真相。在教育上强调教师要了解学生的主体性，让学生有机会参与教学活动，教学内容要引导学生认识自己的存在、自我与他人的关系。在德育上，存在主义强调学生必须有主动自律的学习，也就是道德的自律。

现象学与教育

现象学（phenomenology）的创始人是德国的胡塞尔（Edmund Husserl，1859—1963）。胡塞尔前期思想在于通过现象学的方法将客体"放入括弧，存而不论"，后期思想则充分流露出人文精神，致力于探讨与人有关的课题。深究现象学的教育目的，在于帮助学生认识真实的生活世界，并融入自己的经验中，以丰富自己的人生。教育内容强调要传授给学生真实的知识、符合社会脉动的知识，带领学生去观察、分析与了解生活世界。最后，强调师生关系互为主体性，意即教师要了解学生，师生必须进行良性互动。

10-2　马斯洛的学习理论

一、马斯洛的基本主张

马斯洛被誉为人本主义心理学之父。他出生于美国纽约市，是社会心理学家、人格理论家和比较心理学家、人本主义心理学的主要发起者和理论家，以及心理学第三势力的领导人。

（一）马斯洛的人性观

他认为人性中有"防卫"与"进取"两种力量，适当的教育可使儿童心智成长，不适当的教育会湮没儿童心灵上的生机。

（二）马斯洛的教育观

学生原本就有学习的潜能，教师应辅导学生自己选择和决定学习的活动。

不主张以外在的方法约束学生学习，主张教师的任务是为学生设置良好的学习环境，让学生自由选择，如此一来，学生就会学到他所需要的知识。

二、马斯洛的需求层次理论

马斯洛在1943年发表《人类动机的理论》（A Theory of Human Motivation Psychological Review）一书，提出人类需求层次理论。

（一）基本假设

人要生存，他的需求会影响他的行为。

人的需求按重要性和层次性呈现固定顺序，从基本的（如食物）到复杂的（如自我实现）。

当人的某一级需求得到最低限度的满足后，才会追求高一级的需求，如此逐级上升，成为推动继续努力的内在动力。

（二）需求层级

生理需求：是指人类与生俱来的基本需求，包括饥、渴、衣、住、性方面的需求。

安全需求：是指人身安全需求，例如，保障自身安全、摆脱失业和抵御失去财产威胁的需求。

归属与爱（社会）的需求：是指追求被他人接受和归属感。这是一种友爱的需求，希望和同伴之间保持友谊，以及拥有归属于一个群体的感情。

尊重（自尊）需求：人都希望自己有稳定的社会地位，要求个人的能力和成就得到社会的认同。尊重需求一旦得到满足，人就对自己充满信心，对社会充满热情。

知识的需求：人都有求知的需求，希望对于自己所不了解的人或事物，通过探索、询问、阅读和实验等方式来获得了解。

美的需求：人对于欣赏美好事物有需求。

自我实现需求：是最高层次的需求，它是指实现个人理想和抱负，发挥个人的能力到最大程度，完成与自己能力相称的一切事情的需求，进而感到最大的快乐。

马斯洛的基本主张有二：一是对人性的看法，二是对教育的观点。

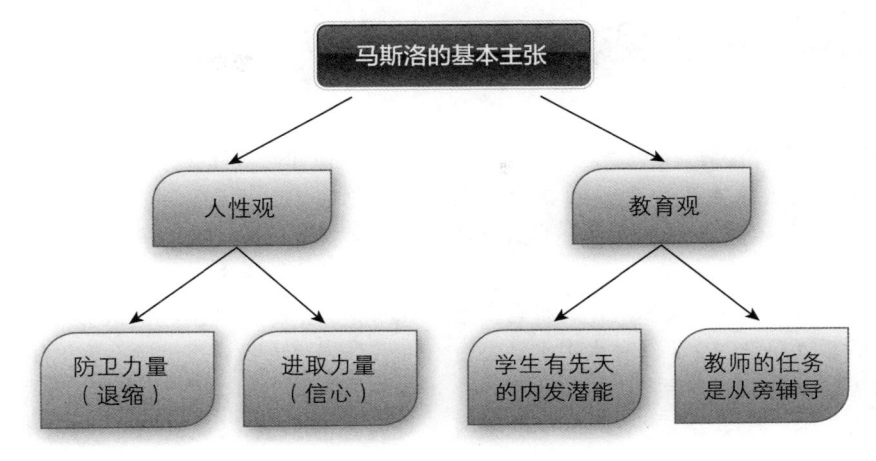

```
                    马斯洛的基本主张
                    ┌──────┴──────┐
                  人性观          教育观
                 ┌──┴──┐         ┌──┴──┐
            防卫力量  进取力量  学生有先天  教师的任务
            （退缩） （信心）  的内发潜能  是从旁辅导
```

马斯洛需求层次理论图示

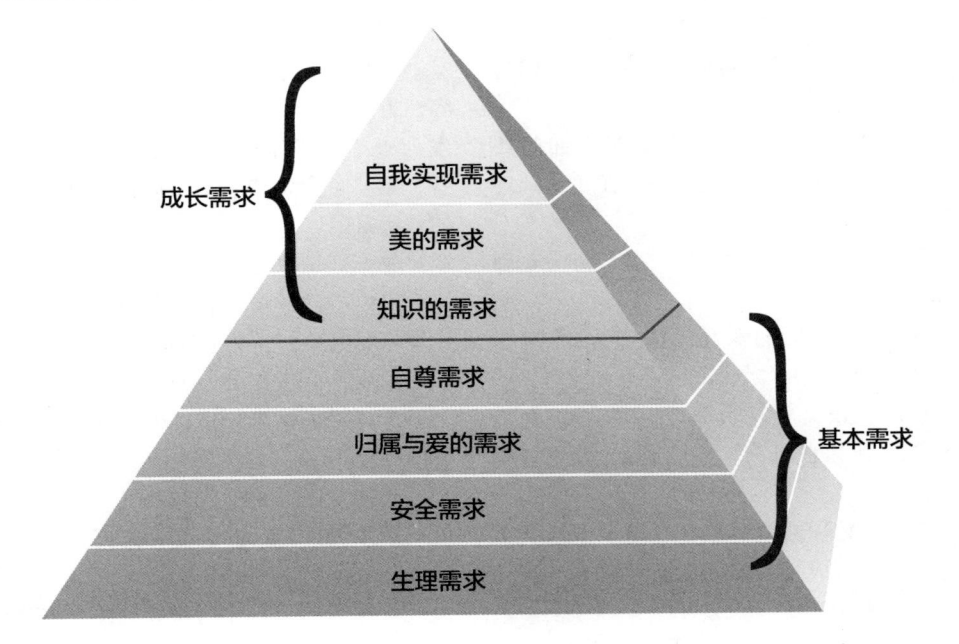

```
              ╱╲
             ╱  ╲
            ╱自我实现需求╲      ┐
           ╱────────╲     │
          ╱  美的需求  ╲    ├ 成长需求
         ╱────────────╲   │
        ╱   知识的需求    ╲  ┘
       ╱──────────────╲
      ╱     自尊需求        ╲   ┐
     ╱──────────────────╲  │
    ╱    归属与爱的需求        ╲ │
   ╱──────────────────────╲├ 基本需求
  ╱        安全需求              ╲│
 ╱──────────────────────────╲┘
╱          生理需求                 ╲
────────────────────────────────
```

第十章 人本主义心理学的学习理论

10-3 罗杰斯的学习理论

一、罗杰斯的基本主张

罗杰斯是人本主义心理学的创始人之一，被誉为人本治疗学派的鼻祖、非指导式咨询理论的宗师。

罗杰斯从事心理咨询和治疗的研究，他最突出的贡献在于创立了一种人本主义心理治疗法（即当事人中心治疗法）。他于1947年当选为美国心理学会主席，1956年获美国心理学会颁发的杰出科学贡献奖。

（一）罗杰斯的人性观

对人性的基本假设是"人性皆善"，因此他认为每个人都有健康成长的潜力（即自我实现的倾向）。

如果能提供每个人一个温暖正面的环境，就可以帮助他充分地展现自我，达到理想我的目标。

（二）罗杰斯的学习观：以自由为基础的学习原则

人皆有其天赋的学习潜力，包含好奇心和求知的欲望。

教材有意义且符合学生目的时，由于学生知觉到和自己有关联，他们就会主动学习。

学生在较少威胁的教育情境下（给予支持理解、没有成绩逼迫）才会有效学习，反之，就会逃避学习。

主动自发、全心投入及坚持到底的学习，才会产生良好效果。

自评学习结果可养成学生独立思维与创造的能力。

除知识学习外，重视生活能力和社会学习（认识和面对社会问题及种族问题等），方能适应变动中的社会。

二、罗杰斯创立人本心理治疗法

又称当事人中心治疗法（person-centered therapy），有三项基本条件：

①真诚一致：咨询师要表里如一，有人情味。

②无条件积极关注：关心是不求回报的。

③同理心：能够设身处地为他人着想。

三、罗杰斯"以学生中心"的教育理念

在传统的教室里，教师决定学习的内容、方式、时间和场所，罗杰斯则主张以学生为中心的教室，教师只是促进者和辅导者，主要负责营造一个积极正向及和谐互动的教室氛围。

教育是具有生活意义的成长历程。

良好的教学设计就是要给予学生充分自由学习的机会，让学生自己去发现真理。

学生具有求知向上的潜在能力，只需设置一个良好的学习环境，他们就会学到所需要的一切。

教师态度真诚一致、表里如一，能开放地向学生表达自己的感受和态度，也会促使学生学习自我开放。

教师给予无条件的积极关怀，能常以温暖的态度接纳学生，不求任何回报，促使学生重视自己。

教师发挥同理心，能敏锐地了解学生的感受，并将这种了解传达给学生，促使学生更加了解自己、悦纳自己。

马斯洛和罗杰斯受到世人尊崇的地位

人本主义心理学之父 ➡ 马斯洛

人本心理治疗学之父 ➡ 罗杰斯

罗杰斯
- 以自由为基础的学习原则
- 以学生为中心的教育理念
  - 学习潜能
  - 教材有意义
  - 情境少威胁
  - 主动自发性
  - 自我评估
  - 生活能力

行为主义、精神分析、人本主义的人性观点的比较

行为主义	1.人是没有自由的 2.人的一切行为都由外在环境因素所决定
精神分析	1.人没有自由、无法自主，也不自知（受潜意识影响） 2.人的一切行为受生本能（性欲冲动）和死本能（情绪冲动）的控制
人本主义	1.人有自由、自主且自知 2.人的一切行为出自当事人的情感和意愿，能自由选择

10-4　人本主义学习理论在教育上的应用

一、人本主义学习理论在教育上的应用

（一）培育健全人格的道德教育

间接取向的道德教学：运用价值澄清法，通过问题回答与讨论来分析价值观，也就是如何对人、事、物做出判断，进而形成或修正自己合乎道德的价值观。或是运用道德两难问题，引导学生从问题的正反面去思考、推理并与同学讨论，进而培养出道德思辨能力。

直接取向的道德教学：在班级经营中，经由民主方式，师生共同制定大家遵守的班级规范，教师要以身作则，也可以安排学生参与具有道德意义的服务学习活动。

（二）重视自我发展的开放教育

以英国尼尔（A. S. Neill）创设的夏山学校最有名。开放教育（open education）的特征：学生主导自己的学习；采取诊断式的成绩评测；不采用固定课本式教材；采用个别化的教学活动；采用混合编班教学模式；采用无隔间开放教室；教师合作的协同教学。

（三）培养团体精神的合作学习

合作学习是指将个别的学生组成小组或团队，鼓励小组成员间互助合作，一起讨论和解决问题，并以此达到特定的教学目标。教师则扮演从旁协助者和鼓励者的角色。常见的合作学习教学模式有：学生小组成就区分法、小组游戏竞赛法、拼图法。

合作学习的特征和原则：

①团体认同：发展共同性的活动以凝聚全班同学的向心力。

②包容：提供多样的学习经验及多元的角色模式，帮助学生互相了解彼此的家庭和文化背景。

③团体规范：全班参与制定共同遵守的合作规范。

④角色表现和责任分享：每个人均有公平参与的机会，并分担责任。

⑤团体目标与奖励：遵守团体制定的目标及奖励系统。

⑥学习的内在奖励：引发团体合作学习的动机和兴趣。

⑦欣赏他人独特的优点：了解他人的喜好和需求，并与人分享才能。

⑧结合日常生活经验：将班级活动与家庭或社区活动相联结。

⑨互动的物理环境：安排合适的活动空间和分组。

⑩合作互动：实施合适的人际（社交）关系技巧。

二、人本主义心理学的价值与批评

（一）教育价值

强调全人教育，重视学生的个别差异和成就动机，采取以学生为中心的教学模式。

实施情感教育，提升人性的尊严和价值，促进学习者自我实现。

（二）受到的批评

理论学说的概念不够明确、原则推论困难。

教育实践缺乏明确目标、缺乏周详设计、缺乏评估依据。

行为主义、认知主义和人本主义的比较

条目	行为主义	认知主义	人本主义
学习的意义	学习是外显行为的改变	学习是内在知识的吸收和运用	学习是情感发展和人格培养
教育效果	暂时的	持久的	永久的

✚ 知识补充站

夏山学校与开放教育

夏山学校（Summerhill School）位于英国，是一所另类学校，完全不由成人安排任何课程，教育内容以学习者为出发点。1921年由尼尔创办，美国在1968年创办的瑟谷学校，正是借鉴了夏山学校。尼尔相信"一个孩子应依据自己的意愿生活，而不是按照焦虑的父母和自以为是的教育专家认为的那样"，因此，夏山学校的学生可以自由选择所有课程内容、上课时间和地点，以及参加学校的自治会议。

常用的合作学习法

一、学生小组成就区分法

根据能力和性别将学生做异质分组，利用提示作业单进行分组的学习与评测，评测结果采用组间比赛形式。按照学生过去的成绩作为基准，每个人的进步成绩可以帮自己的小组加分。这个方法强调组内同学需要协助其他成员"进步"，较适用于技能目标的达成上。

二、小组游戏竞赛法

分成异质性小组，进行每周一次的比赛。教学程序是：先由教师讲述第一节课，然后由同一组的成员进行共同学习，并随时进行形成性评估，以确定各组员已学习精熟。在小组练习之后，有总结地评估比赛，采用能力分级法。各组同程度的成员互为比赛对手。例如：各组的第一名在第一桌比赛，第二名集合在第二桌比赛，每一个人所得的分数转换为团体分数，最后决定小组的优胜名次。

三、拼图法

小组成员分别到不同的专家小组进行讨论，专家回到原来的小组指导其他小组成员，最后由教师进行测验和表扬。

第十一章

积极心理学的理论与应用

章节体系架构

11-1　积极心理学的起源、意义与目标

11-2　积极心理学的理论架构和研究课题（一）

11-3　积极心理学的理论架构和研究课题（二）

11-4　正向管教的意义、原则和做法

11-1 积极心理学的起源、意义与目标

一、积极心理学的起源

积极心理学（Positive Psychology）是近年来心理学发展的新趋势，是指当个人遇到挑战或挫折时，会产生解决问题的企图心，并不断地练习改变思路，强化正向力量以迎接挑战。

虽然积极心理学这一词起源于马斯洛在1954年出版的《动机与人格》一书，但塞利格曼（Martin E. Seligman）被认为是现代积极心理学运动之父。塞利格曼在1998年选择积极心理学作为自己担任美国心理学会主席期间的主题。他提出积极心理学的目的，是帮助个人找到内在的心理能量，作为对抗挫折的缓冲，掌控逆境与困难，使个人在遇到困难时不会轻易落入抑郁的状态中。之后，第一届积极心理学术会议于1999年召开，第一届国际积极心理学会于2002年举行，第一届积极心理学世界大会于2009年6月召开。美国哈佛大学也于2006年首度开设积极心理学课程。

1990年代以前，心理学的研究着重于治疗心理疾病与改善负向情绪，如抑郁症、精神分裂症、酗酒等，但是其目的仅是使人们脱离生命痛苦的状态，而忽略寻找生命的正面价值和意义。于是塞利格曼主张应致力于探讨如何促使人们生活得更幸福美好，去发掘、培养和发展每个人的积极心理能力，并引导人们过充实、愉快且有意义的生活。

此后，积极心理学的研究热潮掀起，针对积极的议题，如爱、乐观、快乐、心理弹性、幸福感等进行探究。

二、积极心理学的意义

积极心理是一种信念。它不是为了要争取名利或是权力，而是一种用来克服挫败的信念，以及完成生命中具有价值及具创意的事情的价值观。

积极心理是导向正面思考。凡事往好的方面思考，避免钻牛角尖。

积极心理是相信自己具有潜能。每个人心中都有积极正向的心理力量，没有克服不了的困难。能够克服艰难的人，是因为知道如何将自己的潜能激发出来，并且相信自己，由此产生强大力量。

积极心理是正确的心态。它是由正面的特征所组成的，例如：信心、诚实、希望、乐观、勇气、进取、慷慨、容忍、机智及诚恳等。

积极心理是懂得运用长处与美德。它主要包含六种美德：智慧与知识、勇气、人道与爱、正义、修养、心灵的超越。

三、积极心理学的目标

快活的人生：能够成功在生活中获得各种正面情绪，包括快乐、自信、平静、满足等。因此，积极心理学致力于研究各种正面情绪，寻找有效维持正面情绪的方法。

美好的人生：我们如果能够在生活的各种重要环节上（包括家庭、人际关系、工作、子女管教等）运用个人独特的长处和美德，便可以获得满足及美好的生活。

有意义的人生：人们有更高远的人生目标，追寻有意义的人生。

传统心理学与积极心理学的比较

重点	传统心理学	积极心理学
中心思想	以问题为中心	着重全人发展
对人的假设	人会产生问题和被动	个人、群体和社会充满生机和希望
介入焦点	着重研究和强调如何解决或减少问题	提倡在正面之间取得平衡，着重研究、分析和找寻人类的优点及潜能
缺点	忽略发掘人的潜能、优点和防御能力，较难持久面对将来的挑战	很多概念和理论仍在研究阶段，有待证明和发展

> **+ 知识补充站**
>
> 马丁·塞利格曼在《真实的快乐》（*Authentic Happiness*）一书中指出，快乐由三项要素构成：享乐（兴高采烈的笑脸）、参与（对家庭、工作、爱情与兴趣的投入程度）、意义（发挥个人优点，获致高远的理想目标）。他认为享乐带来的快乐最为短暂，然而却有许多人以追求享乐作为生活目的，却不知道参与和意义感更重要。

塞利格曼对积极情绪的诠释

塞利格曼将积极情绪依过去、现在与未来三种时段做区分。以过去而言，个体可通过感激、宽恕的方式，将过去的情绪带出来，进入满足和满意的境界；以目前而言，有愉悦和心流两种，愉悦较易达到，而心流能给个体长时间的满足；以未来而言，个人必须对未来产生希望和乐观，才有信心和自信去面对未来的挑战。

过去的积极情绪	现在的积极情绪	未来的积极情绪
满意（satisfaction） 幸福（well-being） 感恩（thanking） 宽恕（forgiving） 遗忘（forgetting）	愉悦（pleasure） 心流（flow） 信心（faith） 信任（trust）	乐观（optimism） 希望（hope）

HAPPY　　　　SAD

11-2 积极心理学的理论架构和研究课题（一）

一、积极心理学的理论架构

（一）塞利格曼致力于发展一套完整的积极心理学系统，希望建立三项特色

科学化的研究：建立一套以验证为基础的理论，分析和寻找人类的优点及潜能。

强调正面：推动正面的元素，如乐观、愉快和互爱等，发掘个人和社会的优点和品德，追求正向的人生。

增强对抗逆境的能力：发掘、培养和发挥个人的长处和潜能，积极面对人生的压力和挑战。

（二）塞利格曼发现积极心理学的主要内容有三块柱石

积极经验（the positive experience）：是指对过去事件有好感而产生满意、满足；因现在的经验或事件而引发的正向情绪为愉悦、快感；对未来期待产生乐观、希望。

积极特质（the positive quality）：是指经由后天学习与少数遗传因素所产生的美德和个人优点，包括智慧与知识、勇气、人道与爱、修养、正义、心灵的超越，以及以此六种美德所衍生的24种特质等。

积极组织（the positive institution）：组织会影响人的行为、个性发展，而促使人正向发展的家庭、学校、社区、工作环境与社会文化条件等，即是积极心理学所探讨的范围。

二、积极心理学的相关研究课题

（一）幸福感

幸福感（well-being）是指个人在当下感受到实现自我抱负、生命有意义且愉悦的一种持续性的感觉。高幸福感的人大多为外向人格特质、乐观且少忧虑的人。

幸福感包括主观幸福感及自我成长两层面，前者包括快乐、生活满意，而后者则包括自我实现、自我价值感。

在哈佛大学教授泰勒·本-沙哈尔（Tal Ben-Shahar）出版的《更快乐》（*Happier: Learn the Secrets to Daily Joy and Lasting Fulfillment*）一书中，他提出设定目标和个人成就之间有关联，不过，和快乐之间没有直接关系。这解释了为何有些人达成目标后，却没有感受到原本预期会获得的快乐感，原因在于这些人不重视追求目标的过程。

哈佛大学临床精神病学教授瓦尔丁格（Robert Waldinger）主持的"幸福感"（Happiness）研究发现，美好人生建立在良好关系上，而最快乐健康的人就是与家人、朋友拥有亲密关系的那些人。这份"关系"有三个重点：

①社交活跃有益健康。与家人、朋友、社群保持较多联系的人，心灵比较快乐，身体也较健康，大脑功能比较不会提早退化。

②关系不在数量多寡，而在关系的"质"。例如：争执不断的婚姻对健康会有负作用；反之，良好与温暖的婚姻关系对健康就有保护作用。研究显示，人们进入50岁后，真正影响日后健康状况的是他们对目前所在关系的满意度，亲密的关系能减缓老化带来的冲击。

③良好关系不只保护身体，也保护脑力。研究显示，是否能在年老时感受到信赖另一方会对脑部健康有重大影响。例如：八十多岁的老先生若能感觉到有依靠的对象，他的记忆力就能更长时间地保持清晰。

积极心理学的理论架构

塞利格曼主张积极心理学需重视积极经验、积极特质及积极组织三大主题及对三者间关联的探讨，并帮助人们找出自己的优点和生命意义。

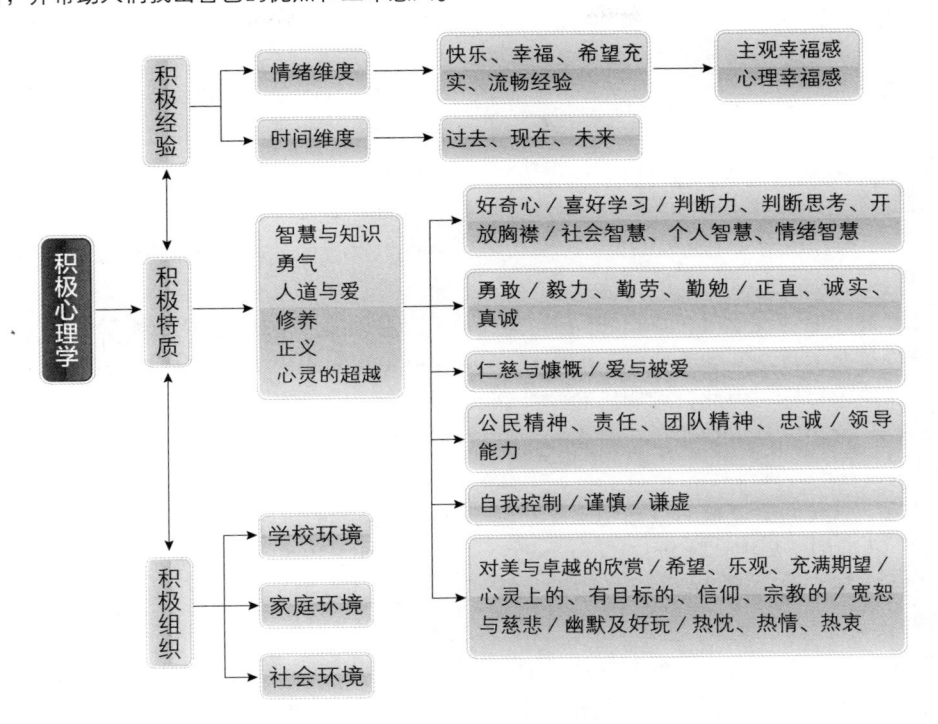

```
                     ┌─ 情绪维度 ──→ 快乐、幸福、希望充  ──→ 主观幸福感
              积极经验┤                实、流畅经验          心理幸福感
                     └─ 时间维度 ──→ 过去、现在、未来

                                    ┌→ 好奇心/喜好学习/判断力、判断思考、开
                                    │   放胸襟/社会智慧、个人智慧、情绪智慧
                     ┌─ 智慧与知识 ─┤
                     │  勇气        ├→ 勇敢/毅力、勤劳、勤勉/正直、诚实、
              积极特质┤  人道与爱    │   真诚
                     │  修养        │
                     │  正义        ├→ 仁慈与慷慨/爱与被爱
积极心理学 ──────────┤  心灵的超越  │
                     │              ├→ 公民精神、责任、团队精神、忠诚/领导
                     │              │   能力
                     │              │
                     │              ├→ 自我控制/谨慎/谦虚
                     │              │
                     │              └→ 对美与卓越的欣赏/希望、乐观、充满期望/
                     │                  心灵上的、有目标的、信仰、宗教的/宽恕
                     │                  与慈悲/幽默及好玩/热忱、热情、热衷
                     │
                     │   ┌─ 学校环境
              积极组织┼─→├─ 家庭环境
                         └─ 社会环境
```

不同探讨取向产生的积极心理学研究课题

探讨取向	积极心理学课题
以情绪为本	主观幸福、情绪处理、心流、情绪智商、正向情绪、正向情感、心理弹性
以认知为本	创造力、自我控制、专注于正向评估、乐观、渴望求知、解题评估、设定幸福目标
一般应对为本	务实协商、寻求独特、真诚、面对真相、谦虚
特殊应对为本	生命故事、追求意义、幽默、冥想、希望
人际为本	亲密、宽恕、怜悯、感激、爱、同理、利他、道德动机
特殊人物	儿童、老人、身心障碍、多元文化族群、工作处境

11-3　积极心理学的理论架构和研究课题（二）

（二）希望感

"希望"（hope）是一个生活用语，例如，我希望变得更有钱、我希望考试得第一名、我希望能得到真爱等，然而要对"希望"下一个操作性定义则比较困难。

根据斯奈德（Snyder）的看法，当我们对一件事情怀抱着希望时，意指我们不会被动地等待着愿望自动实现，而是我们会以主动态度去追求目标。因此，希望感会牵涉到"目标""方法"与"意愿（或意志力）"三个部分互动的心理过程。

目标：当我们所追求的目标越来越明确可行时，我们的希望感会越高。

方法：当我们有更多的方法或策略来达到目标时，我们的希望感会更高。

意愿/意志力：当我们意志力强烈时，我们就会想尽各种方法来达成目标，对于追求的事情抱持高度的希望；反之，则容易自我放弃，无法达成目标，希望感也会降低。

希望感（Hope）=达成目标的干劲与决心（Agency）+达成目标的计划与策略（Pathways）。当个体具多种达成目标的方法，同时对目标具有高度的决心与干劲时，则个体具有高度的希望感；反之，希望感则相对较低。

（三）心理弹性（resilience）

是指个体在面对逆境、压力或创伤事件时，能用以承受挫折，并促使自己发展出正向积极的应对策略的一种内在心理能力或特质。

心理弹性是面对挫折时自我坚持与调适的能力。它涵盖两个层面：一是从困境中复原的能力（如工作绩效的压力、与同事间的冲突等），二是从重大的挫败中重新站起来的毅力（如被降职或失去工作）。另外，它有更积极的意义，也就是有追寻新的意义或新挑战的勇气。

美国宾夕法尼亚州立大学教授瑞维琪（Karen Reivich）与夏提（Andrew Shatte）的研究指出，具有心理弹性的人通常会表现出以下特性：做情绪的主人；抱持务实乐观的态度；弹性地思考；体贴他人的心情；相信自己有掌控的能力；勇敢挑战自我。

（四）积极心理资本

美国学者路桑斯（Luthans）于2004年提出"心理资本（psychological capital）"的概念。所谓心理资本，是一个由多种因素构成的综合体，是个体在特定情境下，对待任务、绩效和成功的一种正向态度。如同物质资本存在盈利和亏损的问题，正面情绪是收入，负面情绪是支出，如果正面情绪多于负面情绪就是盈利；反之，则是亏损。人的所谓幸福，实际上就是其心理资本能否足够支撑他产生幸福的主观感受。

积极心理资本可定义为个体在成长过程中，具有一种可以被开发、衡量及改变的积极心理状态。它使得我们在面对困境或挑战时，有自信并自我激励，对于成功有正向归因，并能持续不懈地朝向目标而努力。

积极心理资本至少包含以下内涵：希望；乐观；韧性或毅力；主观幸福感（自己心里觉得幸福，才是真正的幸福）；自我效能（进行自我激励）。

+ 知识补充站

斯奈德认为希望感结合了有关目标设定、问题解决、自我效能、挫折应对能力等重要心理能力。尤其当障碍出现而使目标实现受阻时，就更可以看到希望感的重要性，因为它涉及个体是否有意愿去寻找替代方案，并以类似绕路的方式来追求原先希望达成的目标。当我们发现个体对于各项目标都保持高度的希望感并勇于挑战时，那么他的人生就会感到有光明与希望，任何事情到了手中都能成功达成目标；反之，则容易陷入自我效能感不足，对任何事件都产生逃避与退缩的心态。

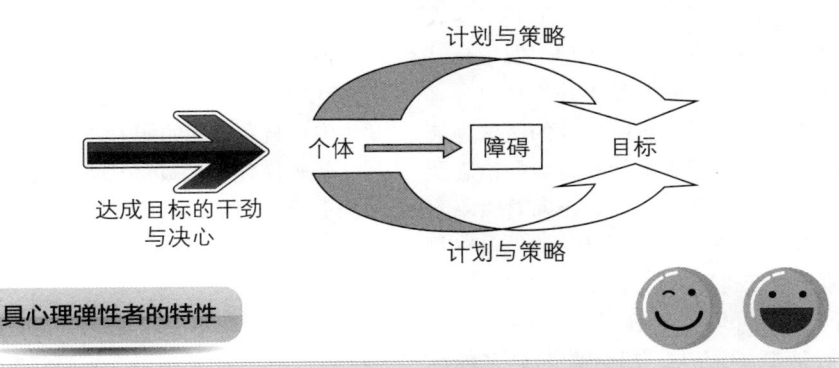

具心理弹性者的特性

做情绪的主人：处在压力之下仍然能够保持冷静。并非压抑自己的情绪，而是做情绪的主人。例如，当你生气时，能够了解自己为什么生气，又该如何化解愤怒的情绪。

抱持务实乐观的态度：相信事情一定可以解决，未来一定会更好。但是另一方面，你也不会对明显的风险或是阻碍视若无睹。对未来有着正面的期望，同时又抱持务实的态度面对困难。

弹性地思考：正确地解读问题发生的原因，不会一味地怪罪他人或是自责，而是全面地考量各种可能的因素；保持弹性，不固守单一的想法。

体贴他人的心情：善于观察非语言的动作，试着了解对方在想些什么、当下的感受是什么。

相信自己有掌控的能力：相信自己有能力可以解决问题，可以把事情做到最好。愿意面对环境、改变环境，而非受制于环境。

勇敢挑战自我：愿意跳出自己的能力限制以及现有的成就，接受新的挑战或是追寻新的成就。

11-4　正向管教的意义、原则和做法

一、正向管教的意义

正向管教（positive discipline）是指以正向的态度与方法来指导学生，协助其与他人建立健康和谐的关系，并希望学生发现自己有解决问题的能力，克服障碍并表现出合宜的行为。进一步来说，正向管教的概念为彼此尊重，让学生能够了解行为背后的信念及意义，从而达成有效的沟通。正向管教培养学生问题解决的技巧以及教导纪律，最终目的在于使学生变得更有责任感。

虽然体罚可以暂时压抑学生的不良行为或导致短暂的服从，却会带来更多的坏处，包括破坏师生关系，造成学生的低自尊与不安恐惧，教会小孩不满时就使用暴力或攻击，以及鼓励教育人员发泄情绪。因此，教育人员应学习了解学生各种偏差行为的成因，以及如何管理情绪，并采用其他正向管教方式以降低体罚及其他违法与不当管教所造成的负面影响。

二、正向管教的原则及建议做法

先告诉学生您了解并接受他做此事的理由，然后陈述"但是"，再说明对他的期望。通过这样的陈述，协助学生觉察别人的需要，并进而发展对他人的尊重。

提供或示范解决策略。

明确指出学生的能力以及对他的期望。通过赞美与正向的期望协助学生发展自信及正向的态度。

以尊重的态度及文字进行教导，避免使用斥责方式，以免降低学生的自尊。

教师不宜只要求学生听令行事，应提供学生练习做决定的机会，以协助他们发展独立性及做决定的能力与技巧。

指导学生通过语言表达自己的感受与情绪，再协助他们思考解决问题的方法。

让学生知道相关的规范和标准，以协助学生发展自我管理的能力。

教师应使用明确的语言，以避免学生误解而造成不必要的困扰。

➕ 知识补充站

教育人员体罚学生的可能原因

1.对人权的认知不足：教育人员忽视儿童身体自主权，对学生自律的不信任。

2.轻视或不了解体罚的负面后果：认为体罚可以快速有效地矫正学生行为，却不了解后续带来的危害。

3.未深入理解学生偏差行为的原因：如果将学生的偏差行为解释为故意造成的，则较易惩罚学生。

4.缺乏对各种学生偏差行为做合理有效处置的辅导能力和知识。

5.欠缺情绪管理技巧：容易在生气和发泄愤怒之下，体罚学生。

6.来自升学风气及学校管理主义的压力：要求提高学生的学业成绩，却对如何提高学生的学习动机和学习策略较不熟悉，且忽略个别差异。

7.辅导资源不足：中小学的辅导人力和资源相当有限，无法获得有效的支持。

学校推动校园正向管教的三级预防目标

1.初级预防：通过专业成长教育，增加教育人员对体罚影响的认知与对学生偏差行为的类型、成因及合理有效处置措施的知识能力，并加强教育人员班级经营及情绪管理的能力。

2.二级预防：切实了解各教育人员辅导与管教学生的现状，针对使用违法或不当管教方式的教育人员，提供继续教育与辅导，协助其采用正向管教方法。

3.三级预防：学校在教育人员违法处罚学生的事件发生后，进行通报与处置，以预防体罚的再发生。

管教是一个教与学的成长过程

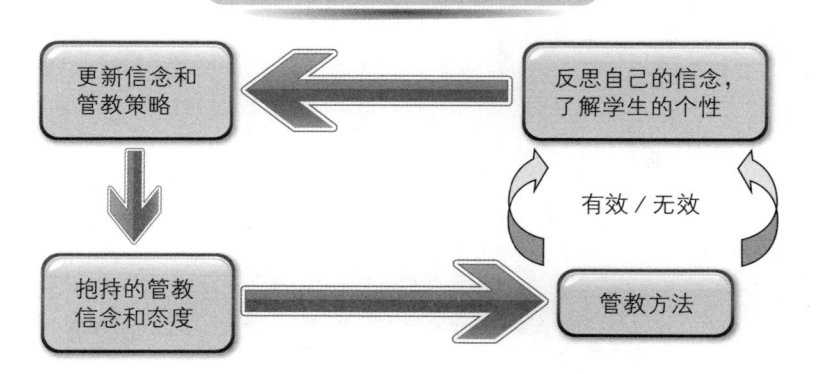

更新信念和管教策略 ← 反思自己的信念，了解学生的个性

↓ 有效/无效 ↻

抱持的管教信念和态度 → 管教方法

第十二章

学习动机与教育

章节体系架构

12-1 学习动机的意义

12-2 行为和人本主义的学习动机理论

12-3 认知主义的学习动机理论（一）

12-4 认知主义的学习动机理论（二）

12-1 学习动机的意义

一、动机的意义

动机（motivation）是指引起个体行为，然后维持这个行为，最后引导这个行为朝向某一目标的内在历程。

动机可以解释行为。例如：有一位同学拾金不昧，我们无法断定这位同学的行为是不贪财，因为他的动机可能有三种：第一种是他拿到钱不知要拿，第二种是他拿到钱不敢拿，第三种才是他不拿不义之财。很明显，第三种才是不贪财的行为。

在教育中也可运用动机。例如：教师在教学过程中指导学生会读书（被动受教），然后愿意用功读书（有了学习动机），最后喜爱读书（求知兴趣）。

二、动机的相关概念

（一）需求（need）和驱力（drive）

广义来说，需求、驱力与动机三者含义相同，都是用来表示个体行为的内在原因与动力；狭义来说，驱力主要是性或生理的原始动机（如饥、渴、性等），需求则是代表不同动机（如生理需求、成就需求）。

（二）好奇（curiosity）与习惯（habit）

好奇是指使个体对新奇的事物会产生一种探索的内在冲动；习惯则是在生活中由长期练习而养成的，正所谓"习惯成自然"，代表内驱力的产生。

（三）态度（attitude）与兴趣（interest）

态度是指个体对人、事和周围世界所拥有的一种持久性的倾向；兴趣是指个体对人、事、物进行选择时，会产生偏好的内在心向。

（四）意志（will）与价值观

意志也可以说是"志气"；价值观是指个人判断是非善恶的标准。

（五）刺激与诱因（incentive）

诱因也会引发动机、增强行为，正诱因像是食物、玩具和金钱，负诱因像是电击、苦药和罚单。例如：学生为了获得教师的赞美，而努力用功读书。

三、动机的类别

生理性动机：引起行为的生理需求，如饥、渴、性等。

心理性动机：引起行为的内在心理原因，如求学、求名、求利。

四、学习动机的意义

学习动机是指引起学生学习活动，维持学习活动，并引导这个学习活动朝向教师所设定的教学目标的内在历程。

五、学习动机的类型

社会性学习动机。例如：受到同学的正向激励，或是和同学互动良好而感到满足，于是努力用功读书。

表现性学习动机。学生很在意他人的评价，很重视在他人面前的表现（博得父母欢心或教师称赞），通常会选择最简单的工作以避免失败。

情境学习动机。即外在学习动机，因为想要得到外在奖赏而努力学习。

性格学习动机。即内在学习动机，为了满足内在需求（喜爱求知）而努力学习。

动机 = 引起行为 → 维持行为 → 朝向目标

学习机会 = 引起学习活动 → 维持学习活动 → 朝向教学目标

动机的类别

生理性动机
例如：饥、渴、性

心理性动机
例如：求学、求名、求利

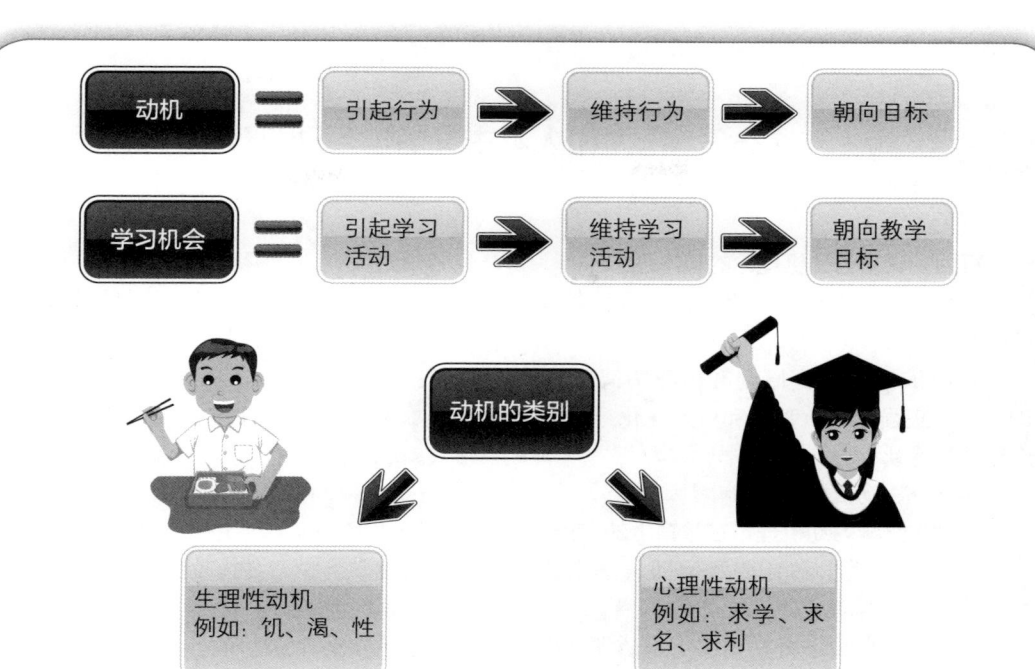

情绪和动机的异同比较

项目		情绪	动机
相同点		都源自个人内在对外在事件的回应，通常会伴随着生理感受，例如：害怕是情绪也是动机，两者皆具有生存适应的功能	
不同点	种类	包含快乐、惊讶、生气、厌恶、害怕和悲伤等	包含生理性动机和心理性动机
	刺激	情绪的产生需要有外在对象，刺激是可见的	动机的产生不需要外在对象，刺激是无法观察到的
	循环性	很少循环	有循环周期
	对行动的影响	情绪因刺激而引起，不需要满足就可停止，会阻碍或改变原有的行动	动机因需求而引起，需求一旦满足就会激发、引导和支持行动
	行为反应	外在刺激使个人产生被动的行为反应	因内在动力需求而主动产生行为反应

12-2 行为和人本主义的学习动机理论

一、行为主义学习动机理论的基本理念

生理上的需求会产生驱力，驱力又会引发行为。

理论依据是强化原则和内驱力降低理论，运用正强化、负强化和后效强化等作用来维持学习动机。

属于外在动机的性质。

二、行为主义学习动机理论在教育上的应用

运用编序教学和计算机辅助教学来诱发，并维持学习动机。

运用奖惩制度（外在诱因）来诱发并维持学习动机。另外，如果是应用班杜拉的社会学习理论，则是对学生的优良行为进行公开表扬（拾金不昧或模范生），引起学生模仿学习（见贤思齐），借以提升学习动机。

不同的学生需要不同的学习目标。教师可通过示范、提示和强化来帮助学生设定具挑战性的目标，或是找一个容易达成的目标，降低或解除学生身上的压力。

三、行为主义学习动机理论的缺点

无法培养学生内在求知热忱。学生为追求高分而用功读书，只是被动地读书和应付考试，不是真正为了求知兴趣而读书。

会产生趋奖避罚的不当心态。学生在心态上会为了趋奖避罚而用功读书，会使学习的兴趣窄化。

手段目的化会有碍人格发展。一旦读书考试变成学生每日的工作负担，会造成学生只是为了应付考试而读书，无法从读书的过程中获得精神上的满足。

急功近利不易产生学习迁移。学生只想赶快考试过关，急功近利的想法导致一考完试就把一切抛诸脑后，不易于长期的记忆保存，等到日后面对新的学习情境，也无法产生学习迁移。

四、人本主义学习动机理论的基本理念

人有自我成长的需求，进而引发学习动机。

理论依据是需求层次理论和社会需求理论，马斯洛认为学习是内发的，学生生而具有自我成长的潜能。

属于内在动机的性质。

五、人本主义学习动机理论在教育上的应用

教导学生认识自己，要先于教导学生读书求知。

教师和家长要互相配合，满足学生的基本需求（生理、安全、归属与爱、自尊），才能鼓励学生继续成长，追求自我实现的高峰体验（求知、审美、自我实现），最终达到全人教育的目的。

教师经营班级时，要建立良好的师生关系，营造和谐的班级气氛，进而引发并维持学生的学习动机。

学习动机的行为论和人本论的比较

流派	基本理念	动机性质	理论缺点	教育主张
行为主义	生理的需求 ↓ 驱力 ↓ 行为	外在动机 （强化原则）	1.重视外诱控制 2.趋奖避罚心态 3.有碍人格发展 4.不利学习迁移	重点在于规划良好教学情境，并运用后效强化来维持学习动机
人本主义	人有自我成长的内在动力	内在动机	无	重点在于促使学生产生学习动机，能专注于教师所规划的教学活动

➕ **知识补充站**

内驱力降低理论

赫尔（Clark L. Hull）认为很多动机是因降低身体压力而引起的，就像有人专门寻找刺激，也有人喜欢平静地过日子。

第十二章　学习动机与教育

行为主义的学习动机理论
- 外在动机
- 奖惩制度
- 获奖、考高分

人本主义的学习动机理论
- 内在动机
- 成长需求
- 自我实现

数学考卷　100

12-3 认知主义的学习动机理论（一）

一、认知主义学习动机理论的基本理念
理论依据是皮亚杰提出的人类应对认知结构失衡而调适，再到平衡的说法。

人有求知的需求，因而引发学习动机。

属于内在动机的性质。

二、海德的归因理论
社会心理学家海德（Heider）在1958年首先提出归因理念，也就是解释某件事发生的理由。

"为什么某人会做出那样的行为？"海德解释原因有二：

①情境归因：大多用来解释自己的行为。例如："时不我与，这次失败都是老天爷不给机会。"

②性格归因：大多用来解释他人的行为。例如："都是因为他的个性太急才会做错事。"

三、罗特的控制理论
社会心理学家罗特（Rotter）提出，一个人会把成功或失败的原因归咎于自己或环境。

"为什么我会成功/失败？"罗特解释原因有二：

①内控的人：凡事操之在己，因为我努力所以我成功，或因为我懒散所以我失败。这是一种对自己行为负责任的看法，属内在动机、自主导向。

②外控的人：凡事操之在人，因为我运气好所以我成功，或因为别人阻碍所以我失败。这是一种对自己行为不负责任的看法，属外在动机、他主导向。

四、韦纳的归因理论
美国心理学家韦纳（B. Weiner）针对个人行为结果是成功或失败提出解释，因此又称"成败归因理论"；韦纳认为造成一个人成败的原因有三个角度，因此又称"三角度归因理论"。

"为什么我会成功/失败？"韦纳解释原因有三：

①因素来源：能力、努力、工作难度、运气、身心状况与其他。

②稳定性：情境是否稳定一致。

③可控制性：个人是否能够控制。

五、归因理论在教育上的应用
帮助学生了解自己对成败的归因，有助于建立明确的自我概念，更加认识自己（例如：明白自己的能力达到了什么程度）。

教师和家长的鼓励和支持有助于学生发展正向的人格。尤其是一些学生常因自信不够、心智不成熟或是习得无助，产生错误的归因，总觉得是自己做得不好。例如：有的子女在面对父母离异时，会归因于自己不够好，所以爸爸、妈妈不再爱我；有的学生会因为运动会的接力跑输了，而产生自己拖累别人的愧疚及不安。

帮助学生澄清想法、建立正确归因，从失败中学习如何改进、提出解决方法并培养反思能力。教师和家长可带领学生以更积极的心态来看待这个世界。

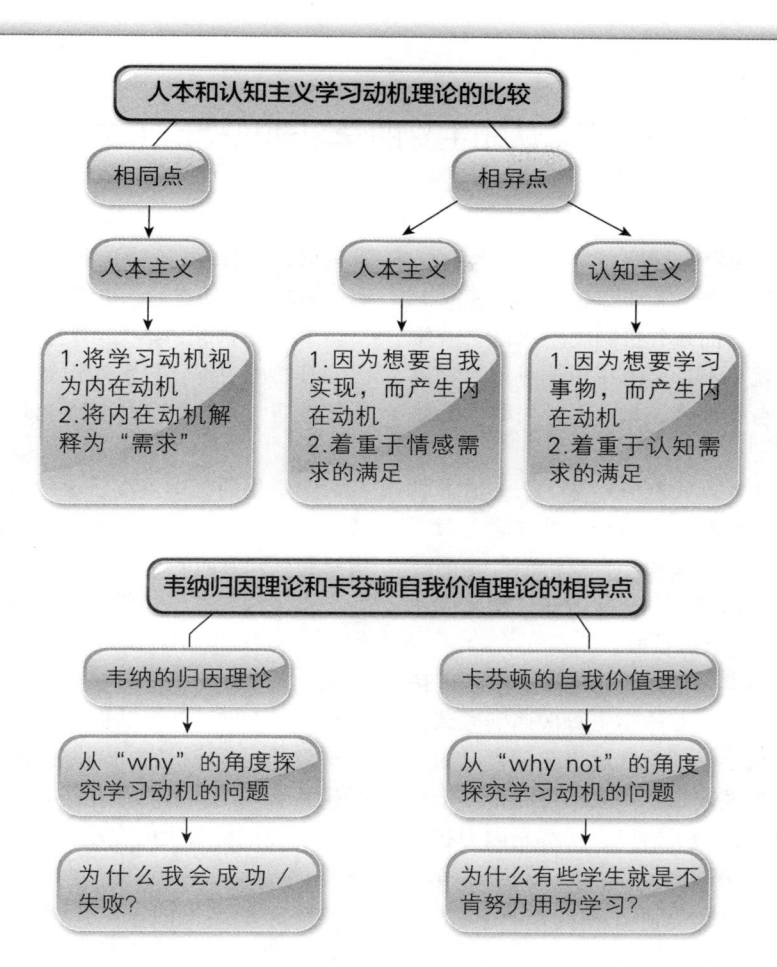

人本和认知主义学习动机理论的比较

相同点 → **人本主义**
1. 将学习动机视为内在动机
2. 将内在动机解释为"需求"

相异点 →
- **人本主义**
  1. 因为想要自我实现,而产生内在动机
  2. 着重于情感需求的满足
- **认知主义**
  1. 因为想要学习事物,而产生内在动机
  2. 着重于认知需求的满足

韦纳归因理论和卡芬顿自我价值理论的相异点

- **韦纳的归因理论**
  - 从"why"的角度探究学习动机的问题
  - 为什么我会成功/失败?
- **卡芬顿的自我价值理论**
  - 从"why not"的角度探究学习动机的问题
  - 为什么有些学生就是不肯努力用功学习?

韦纳归因理论的三个角度

归因	成败归因角度					
	稳定性		因素来源		可控性	
	稳定	不稳定	内在	外在	能控制	不能控制
能力	√		√			√
努力		√	√		√	
工作难度	√			√		√
运气		√		√		√
身心状况		√	√			√
其他		√		√		√

12-4 认知主义的学习动机理论（二）

六、卡芬顿的自我价值理论

美国教育心理学家卡芬顿（Covington）从学习动机的负面来分析问题，探讨"为什么有些学生就是不肯努力用功学习？"答案可能是缺乏自我价值，只会逃避失败，不敢面对问题。

卡芬顿认为自我价值感是一个人追求成功的内在动力来源，成功与否是靠能力而不是努力。"能力→成功→自我价值"是前因后果的关系。例如："我能力好，带来成功经验多，我对自己有信心。"

成功难追求，只好改用逃避失败来维持自我价值。例如：有的学生每次遇到考试，准备到一半就会心烦，然后去整理自己的房间，结果一整理起来就一发不可收拾。于是便为考试考差找到了借口："都是因为我把时间花在整理房间上，所以今天当然考不好"，其实这已在不知不觉中让自己变成一个"逃避失败的成功者"。

学生对能力和努力的归因会随年龄而转移。一般来说，学生的学习动机随年级升高而减低。例如：小学低年级学生会比较归因于努力（用功读书才是好学生），小学高年级学生会比较归因于能力（用功读书才有好成绩的人，是因为他不够聪明）。

教育上的应用：

①昭示了学校教育两个大问题，"为什么有能力的学生就是不肯用功读书？"以及"为什么学生年级越高、读书越多，反而越没有学习动机？"

②有必要反思学校教育目的，让学习可以贴近学生的生活经验，让学习对学生而言是有意义的事，才有办法激发学习动机。

七、引发及维持学习动机的方法

（一）不利于学习的教育情境

升学压力下，只重知识教学而忽略学生心智发展，只重升学科目而忽略艺术和技能科目。

同质化的教学进度、教材内容和评估方式，没有考虑学生个别差异，不能满足学生情感和认知方面的需求。

考试领导教学，学生对分数斤斤计较，容易对学习产生不当的心态，甚至扭曲人格发展。

（二）增进学习动机的方法

教学活动设计要提供足够的诱因，使学生喜欢学习，等到满足了学生的外在动机后，就要试着引发内在动机，引导学生热爱学习。

要满足学生的基本需求，营造积极和谐的班级气氛，求知的成长需求自然就会发生。

除了满足学生情感和心理上的需求外，也要引导学生建立合理的归因，进而产生自我价值感，这样一来，学生就会自动自发地求知向善。

教师要让学生清楚了解学习目标、学习内容、学习方法和评估方式等。学生有了学习的目标与方向感之后，就会乐于学习。

教师和家长要经常对学生的学习行为给予正向反馈，多以鼓励取代称赞或责备，让每个学生都有成功学习的经验，避免产生习得无助感。

动机	学习动机
引起个体活动（或行为）→维持该活动→引导该活动朝向某一目标的内在历程	引起学生学习活动（或学习行为）→维持该活动→引导该活动朝向教师设定的目标的内在历程

项目	行为主义	认知主义	人本主义
基本理念	学习动机源于生理需求的诱因或见贤思齐的心理	学习动机源于认知结构失衡	学习动机源于人性的成长与发展
动机性质	外在动机 生理需求的满足	内在动机 认知需求的满足	内在动机 情感需求的满足
教育上的应用	1.先满足学生基本的生理需求 2.运用外在诱因、后效强化或见贤思齐的策略 3.（缺点）易造成学生趋奖避罚的心态、功利取向、缺乏主动求知的热忱	1.教学生前须先了解学生对于学习成败归因的解释（帮助学生消除消极归因，并提升人格成长） 2.须帮助学生了解自己 3.须帮助学生建立自我价值感	1.应建立良好的师生关系及和谐的教室气氛 2.须帮助学生追求自我实现的高峰体验
理论基础	1.行为主义理论 2.（修正的行为主义）社会学习理论	1.罗特的"内控、外控观"（有人认为凡事操之在己，有人认为凡事操之在人） 2.韦纳的"三角度归因理论"（三角度：因素来源、稳定性、可控制性；六大类：能力、努力、运气、工作难度、身心状况、其他） 3.卡芬顿的"自我价值理论"（肯定自我能力，便能迈向成功并建立自我价值，但有些有能力的学生不肯努力，只会在教师面前摆出很认真的态度，并对于学习的失败准备好一套说辞）	1.马斯洛的"需求层次理论"（生理、安全、归属与爱、自尊、知识、审美、自我实现） 2.高峰体验（个人追求自我到自我实现前的喜悦感和满足感）

第十三章

教学理论与教学实践

章节体系架构

- 13-1　从学习理论到教学理论
- 13-2　教学设计的模式（一）
- 13-3　教学设计的模式（二）
- 13-4　教学目标的两种取向（一）
- 13-5　教学目标的两种取向（二）
- 13-6　教师效能与时间管理
- 13-7　两种取向的教学策略
- 13-8　教学评估的定义与类型
- 13-9　班级经营的定义与内涵
- 13-10　教师效能训练与班级经营
- 13-11　班级经营的重要模式（一）
- 13-12　班级经营的重要模式（二）

13-1　从学习理论到教学理论

一、教学是一门科学也是艺术

有人主张教学是一门科学（science），因为教学的目的在追求真理，可依循科学化的教学方法来达到预期的教学目标。有人认为教学是一门艺术（art），因为教学目的在于陶冶学生性情，教学方法应结合艺术美感元素，激发学生创造力和想象力。不过，也有人认为教学既是科学也是艺术，教学目的既求真也求美，有效促进学生理性知识和感性经验的协调发展。

二、为什么需要教学理论

教育心理学依赖心理学基础已建立了学习理论，为何还要建构教学理论？什么是教学理论？

（一）理由

学习理论只向教师提供学生心理特征和学习原理的知识（how to learn），还不够达到有效教学的目标。

通过教学理论可以帮助教师探讨如何教学才会获得最佳效果（how to teach），借以改进教学，提升教学质量。

（二）意义

教学理论是教育学的一门分支学科，主要研究教学情境下教师引导、维持及促进学生学习行为的过程，属于课堂教学实践的研究范畴。

教学理论是一套具"处方功能"的系统理论，具"实用性"和"概括性"（适用于所有学科），能协助教师顺利达到教育目的。

三、教学理论的起源与发展

捷克教育家夸美纽斯（J. A. Comenius, 1592—1670）于1632年出版的《大教学论》是第一本系统化的教学理论书籍。

德国教育家赫尔巴特的《普通教育学》（1806）确立了心理学和哲学的理论基础，使教学理论成为一门真正独立的学科。此后，教学理论朝心理学和哲学两个方向发展。欧洲（以德国为代表）倾向于哲学取向；英国和美国则倾向于心理学取向，重要的代表人物有布鲁纳、奥苏贝尔以及加涅。

四、教学理论四条件说

布鲁纳提出教学理论应具备以下四个条件：

①导引心向：说明采用什么有效的方法能引导学生进入准备学习的状态。

②呈现教材：说明采用什么有效的方法来组织和解构教材。

③讲解清楚：说明采用什么有效的方法来帮助学生获得理解，例如，由浅入深、多举例说明。

④增强动机：说明采用什么有效的奖惩方法来维持学生学习动机。

五、教学理论的四项课题

教学设计的程序。

教学目标的分析。

教学策略的运用。

教学评价的方法。

学习理论和教学理论的比较

理论	性质	关联	目的	角色
学习理论	描述性：解释学生心理现象	教育心理学的理论基础	了解个体一般现象	描述学生个人行为的变化
教学理论	处方性：解决教师教学问题	教育心理学的实践应用	促进个体发展与学习	关心师生互动行为的变化

```
教学理论
   ↓
起源：
夸美纽斯的《大教学论》是第一本系统化的教学理论著作
   ↓
发展：
赫尔巴特的《普通教育学》确立了心理学和哲学的理论基础
   ↙            ↘
德国为代表        英国、美国为代表
（哲学取向）      （心理学取向）
```

➕ 知识补充站

导引学习心向

是指教师使用各种教学前策略（pre-instructional strategies），清楚告知学生要学些什么、为什么要学、如何学。通常会采用大纲条列、前导组织架构、列出教学目标、提出待答问题及口头叙述等方式。有时候教师也会使用各种吸引注意力的策略，例如：变化音调、使用模型、利用剪报等方式，一方面帮助学生复习先备知识，另一方面借以引发学习兴趣。

13-2　教学设计的模式（一）

一、教学设计的起源

第二次世界大战（1939—1945）发生后，当时美国需要快速培训大批人员完成复杂的技术任务，于是征召了许多教育心理学家去训练军人。战后，这些教育心理学家完成了一系列的教学设计系统，研究从商业、工业和军事领域转移到了学校教育领域。

二、ARCS教学设计模式

（一）起源

凯勒（J. Keller）在1984年结合动机理论提出ARCS教学设计模式，重点在于激发学生的学习动机，提升学习表现效果。

（二）教学设计的要素

凯勒认为良好的教学设计要"先引起你对一件事的注意和兴趣"，再让你发现"这件事和你切身相关"，接着又让你觉得"你有能力和信心去处理它"，最后你得到"完成后拥有成就感的满足"。

引起注意（attention）：吸引学生的兴趣和激发好奇心。教学策略包括提供变化性、激发求知需求和善用问答技巧。

切身相关（relevance）：满足学生个人的需求和目标，引导出积极的学习态度。教学策略包括联结熟悉事物、确立学习目标、配合学生特性。

建立信心（confidence）：提供每位学生成功学习的机会，帮助建立自信心。教学策略包括制定成功学习的标准，并给予适当的教师期望。

感到满足（satisfaction）：让学生因为学习有成就而得到外在鼓励和内在奖赏。教学策略包括提供适当的反馈与奖赏，以及公平对待所有学生。

三、笛克与凯雷的教学设计系统模式

（一）起源

教育心理学家笛克与凯雷（Dick & Carey）在1985年提出的教学设计系统模式被公认为当代最完整且系统化的教学设计。

（二）教学设计系统模式的九个步骤

①确定教学目标：根据课程需要、学生能力和教学经验，在教学前预期教学后学生可以学到什么。

②进行教学分析：为了达成教学目标，必须先分析学生具有哪些先备知识和技能。

③检查起点行为：使用口头或纸笔测验，检核学生在学习新经验之前必须具备哪些基础经验，也借以了解学生的个别差异情形。

④制定作业目标：根据前面的步骤，进一步制定学生可以完成的作业目标。

⑤拟定测试题目：进行学习成就评价的命题工作（例如：期中考试），宜采用标准参照评价方式，切实了解每位学生的学习情形。

⑥提出教学策略：包括教材讲解、媒体使用、提问方式及师生互动等。

⑦选定教学内容：主要是学校规定的教材。

⑧做形成性评价：在教学尚未结束之前实施形成性评价，了解学生学习进步并及早发现学习困难，如小测。

⑨做总结性评价：在教学结束之后，为了解学生学习结果是否达到预期目标所做的评价，如期末考。

+ 知识补充站

概念获得教学法

是指教学中教师确定教学内容，选择合适的教学范例，先呈列概念的特性或定义，再举正、反例，促使学生形成更完整清晰的概念。例如：老师先说明一对边平行且另一对边不平行的四边形为梯形，再举长方形作为反例，说明两边都平行的四边形不是梯形。

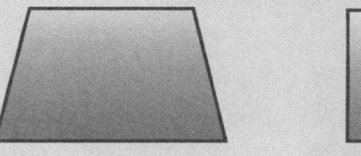

笛克与凯雷的教学设计系统模式

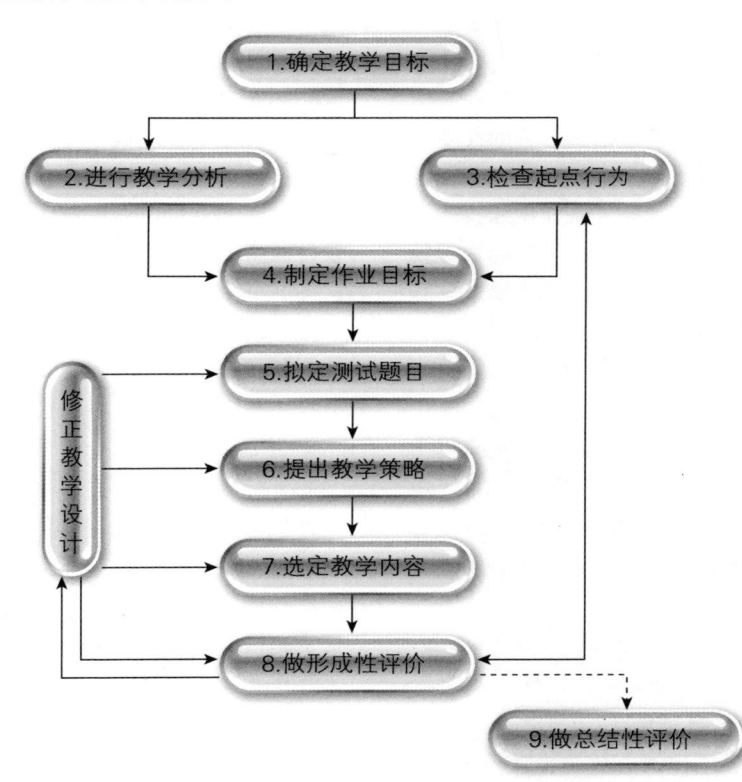

1. 确定教学目标
2. 进行教学分析
3. 检查起点行为
4. 制定作业目标
5. 拟定测试题目
6. 提出教学策略
7. 选定教学内容
8. 做形成性评价
9. 做总结性评价

修正教学设计

13-3 教学设计的模式（二）

四、ASSURE教学设计模式

（一）起源

由Heinich、Molenda、Russell与Smaldino四位学者在2002年提出；强调在实际教学情境下，慎选与善用教学媒体来达成教学目标，并鼓励学生互动参与，以确保有效教学。

（二）教学设计的六个步骤

1.分析学习者（analyze learners）

学习者的特质包括一般性、特殊性与学习风格三方面。一般性是指学习者的性别、年龄、年级、背景、文化与社会经济因素等；特殊性是指学习者的先备知识和技能，以及学习态度；学习风格是指学生的学习偏好或习惯性特征，例如：有的学生属于"场独立型"，喜好单独行事，有的则是"场依存型"，喜爱社会参与。

2.撰写学习目标（state objectives）

由于教学的主体是学生，所以撰写学习目标应以学生为中心，同时要考虑具体可行性。教师可以设定学习成就的基准，学习目标要有个别差异，也可以让学生自定学习目标。

3.选择方法、媒体与教材（select instructional methods，media & materials）

教师在建立教学的起点与终点后，搭桥工作则要依赖适当的工具来完成，也就是选择适当的教学方法及教学媒体与教材。例如：教师可以提供流程图来简化教学内容，或是自制教具。

4.使用媒体与教材（utilize media & materials）

教师要在课前熟悉设备操作与媒体使用效果，或是让学生在课前准备相关的资料，事先预习教材，让学习达到事半功倍的效果。

5.激发学习者参与（require learner participation）

教师鼓励学生积极参与、多做练习，也提供学生互动的机会，并适时给予反馈，以强化学习成效。

6.评价与修正（evaluate and revise）

评价有三个方面：一是对学习者的成就评价；二是对教学媒体与教材的评价；三是对教学过程的评价。评价方法应视学习的内容及目标而定，并依据评价结果加以修正。

五、ADDIE教学设计模式

教学设计的五个步骤如下：

分析（analysis）：考量学习者要学什么。

设计（design）：考量学习者要怎么学。

开发（development）：考量如何编制教学材料。

实施或应用（implementation）：考量要如何实施教学，以及安排教学环境。

评价（evaluation）：评价学生的学习结果或检核教材内容。

➕ 知识补充站

讲述教学法

　　是一种以书面或口头形式，让学习者主动阅读书面资料，并倾听教师讲解的教学方式。实施程序有：引起学习动机、明示学习目标、唤起旧经验、解释学习内容、提供学习指引、引导主动学习、提供正确的回馈、评价学习成果、总结或形成新计划。

讨论教学法

　　是指运用讨论的方式，教师与学生针对主题进行探讨，以形成共识或寻求答案，提出能被团体成员所接受的意见。实施程序有三个阶段：第一是准备阶段，包括选择主题、资料搜集、成立小组、确定时间、排列座位和分配角色；第二是讨论阶段，包括引起动机、说明程序和进行讨论；第三是评价阶段，包括综合归纳和整体评价。另外，实施过程要特别注意学习环境的安排、发问技巧的培养、肢体语言的运用及争议问题的处理。

交互教学法

　　又称相互教学法，由Palincasar和Brown在1984年提出，是根据建构主义而来的一种阅读理解教学法，目的是通过师生及同伴的对话和讨论，训练学生四项阅读策略，以提高学生自我监控和理解文意的能力。教学中，教师运用放声思考方式先示范四项阅读策略，接着让学生轮流扮演教师的角色，逐步将责任转移给学生，发展成学生间相互支持的"同伴对话"。

　　（一）预测：要求学生就既有知识与所知道的部分内容，确认"线索"，推测下文的内容，确定出阅读的方向。

　　（二）提问：要求学生就文章中重要的概念提出问题，自我检查能否掌握文章的内容重点。

　　（三）摘要：要求学生用自己的话来表达所理解的内容要点，从中反思能否理解文章的要点。

　　（四）澄清：要求学生解决阅读时所遇到的困难，使他们能了解文章的意思。

认知学徒制教学法

　　Collins、Brown和Newman在1987年提出认知学徒制（cognitive apprenticeship）一词，是指一位具有实践经验的专家，引领新手进行学习，经由这位专家的示范和讲解，以及新手的观察与主动学习，在一个真实的社会情境脉络下，通过彼此的社会互动，让新手主动建构知识学习的过程。它强调真实情境的学习和实践知识的获得，尤其重视学习者的主动思考和探究、由做中学，以及学习者须通过自我觉察、自我矫正、自我监控、自我反省的学习历程，发展出新的知识、态度、行为和技能，以应对新的社会脉络情境需求。

13-4 教学目标的两种取向（一）

一、教学目标的意义

教学目标是指在教学之前，预期教学之后学生将会从教学活动中学到什么，或是预期学生行为产生哪些改变。

教学目标有时也被称作行为目标。由教师制定可操作的目标陈述，作为实施教学活动的指引。

早期的教学目标属描述性质。只是说明教学之后学生行为会有何改变，按照认知、情感、技能分列；新近的教学目标属处方性质，进一步说明如何可以促使学生行为产生预期的改变，统合了认知、情感、技能三要素。

二、教学目标的要素

教学目标必须是具体的、可测量的。通常具备以下要素：学习者、特定的行为或能力、特定的情境和评价学生达成学习行为的标准。例如："小学三年级学生能在20秒内跑完100米。"

三、布鲁姆教学目标分类：分列与描述取向

布鲁姆（B. S. Bloom）出版《教育目标分类》，把教学目标分成认知、情感、技能三类，这些教学目标也可以视为可观察和可测量的具体行为目标。

（一）认知领域的行为目标

知识：记忆学习材料。

理解：把握教材意义。

应用：学以致用。

分析：分析因素关系。

综合：综合整理、融会贯通。

评价：价值判断。

于2001年修订，将教学目标分成两个角度：

①知识内容角度：包括事实性知识、概念性知识、程序性知识、元认知知识。

②认知过程角度：包括记忆、了解、应用、分析、评价、创造。

（二）情感领域的行为目标

接受：愿意学习。

反应：主动参与。

评价：正向的学习态度。

组织：能统整他人的价值观，并纳为己用。

品格：形成自己独特的价值观，表里如一。

（三）技能领域的行为目标

知觉作用：通过感官经验来学习动作。

心向作用：已做好学习的心理准备，知道要做什么动作。

引导反应：会跟着模仿动作。

机械反应：会有习惯性的动作，如弹琴、打字和骑自行车。

复杂反应：对动作反复练习，达到熟练。

技能调适：因动作纯熟而能做到灵活应用。

创作表现：能超越既有经验，表现出创新的动作。

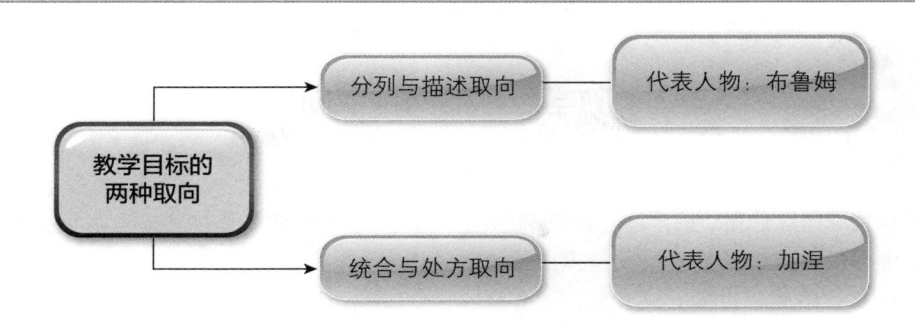

```
教学目标的
两种取向
    ├── 分列与描述取向 ── 代表人物：布鲁姆
    └── 统合与处方取向 ── 代表人物：加涅
```

教学目标的知识角度

知识	记忆	了解	应用	分析	评价	创造
事实性的知识						
概念性的知识						
程序性的知识						
元认知的知识						

✚ 知识补充站

如何制定良好的教学目标？

一、强调学生导向而非教师导向
例如：培养主动阅读的习惯（X）；能主动阅读课外读物（√）。

二、必须是学习结果而非学习活动
例如：研究青蛙的一生（X）；能描述青蛙一生中各个阶段和特征（√）。

三、必须使用具体的行为动词
例如：能熟悉任何平面几何图形面积的求法（X）；能计算任何平面几何图形的面积（√）。

四、一个教学目标只包含一个学习结果
例如：能说出光合作用的意义和所需的要素（X）；能说出光合作用的意义（√）。

13-5 教学目标的两种取向（二）

四、加涅教学目标分类：统合与处方取向

加涅（R. M. Gagné）在1977年出版《学习的条件》，将教学目标分成五类，即心智技能、认知策略、语文知识、动作技能、态度，并进一步告诉教师如何设置良好的教学情境，以达成预期的教学目标。

（一）影响教学结果的三个条件

学习层次：学生的学习能力所达到的层次。

学习条件：影响学生学习的内在（学生心理）及外在（教学情境）的条件。

教学事项：在教学过程中，教师应该注意九个重要事项，必须先完成前面的事项，后面的事项才能继续进行。这九个事项是：引起学生注意、提示教学目标、唤起旧有经验、提供教材内容、指导学生学习、展现学习行为、适时给予反馈、评定学习结果、加强记忆与学习迁移。

（二）教学目标分类

发展心智技能：这是一种学习如何做某事的能力（how to do something），也是一种程序性知识，或是指学生在生活情境中，如何运用符号去获取知识的能力。包括对事物的辨别、概念的形成、原则的理解和问题的解决。例如：学生能分辨正方形和长方形。

学习认知策略：是指个人运用已学会的知识经验，经由内在心理过程，进而获得新知识的方法。包括：

①学习增进记忆的策略：如注意、复习、多码并用、记忆区块、工作记忆。

②学习组织知识的策略：如做摘要、写笔记。

③学习元认知的策略：学生对自己认知过程的认知。

获得语文知识：是指借由口语或文字所表达的知识，包括单字和词的基础知识（如配对联想）、简单的陈述性知识、有组织的复杂知识（如历史事件和科学原理）。

学习动作技能：是指学得的一种能力，由肌肉活动时所显示的迅速、准确、力量、平衡等特征所表现，包括练习（练到精熟的地步）和反馈（按对按钮，电灯会亮）。

养成良好态度：是指影响个人对其行动选择的内在心理状态。例如：要培养学生良好态度，当他表现出正确态度时就立即给予反馈（直接法），或是提供榜样让学生模仿学习（间接法）。

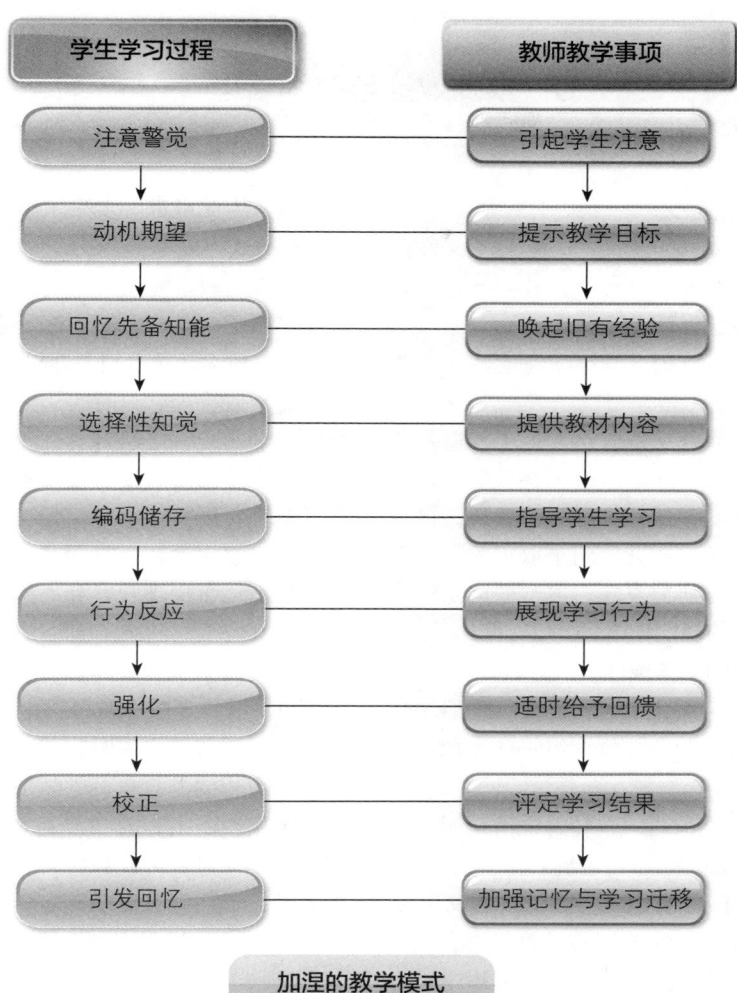

学生学习过程	教师教学事项
注意警觉	引起学生注意
动机期望	提示教学目标
回忆先备知能	唤起旧有经验
选择性知觉	提供教材内容
编码储存	指导学生学习
行为反应	展现学习行为
强化	适时给予回馈
校正	评定学习结果
引发回忆	加强记忆与学习迁移

加涅的教学模式

+ 知识补充站

个别处方教学法

　　教师教学前考量学生的起点能力和个别差异，然后安排不同的学习环境，让学生对学习产生兴趣，也随时诊断学习状况、调整教学，使学生充分发挥自己潜能。教学步骤如下：安置性评价、教学前评价、提供学习处方、实施习作测验、实施后测、决定并调整教学。

13-6　教师效能与时间管理

一、教师效能的意义

教师效能（teacher effectiveness）又称有效教学，是指在教学过程中，教师所表现的一切有助于学生学习的行为。

教师效能可以提升学生学习成就，提高教学质量。

20世纪70年代后，有学者运用"过程—结果研究"方法，通过直接观察教学活动，并记录教师在教学过程中的行为表现，再与其所教学生的学习成就之间求取相关，进而评定教师效能。研究发现，教师效能是影响学生学习成就的决定性因素。

二、教师效能的基本条件

教学活动组织化：包括班级管理组织化（如建立惯例）和教材概念组织化（如提供前导组织）。

师生间言语沟通：教师解说清楚明确，让学生可以彻底理解学习内容。

反馈的有效运用：包括口头和文字反馈，例如，学生提问或回答无论是否合理正确，教师应先接受，再予称赞或补充；另外，也要避免消极批评以维持学习动机。

三、教学时间管理的层次和方式

教师（尤其是导师或级任教师）的一天在时间上是相当紧凑的，许多时间会花在实际教学之外的其他活动上，例如：了解学生出缺席情况、批改及发放作业簿、准备教具、处理学生违规事项、完成学校交办的通知或事项等。此外，学校时间可分成四个层次：学校排定的课堂时间、教师实际教学的时间、学生投入学习的时间、学生学习的成功比率。由此可进一步来了解有效的教学时间管理方式，如下：

①善用教学专用时间。教师在教学过程中纯粹用于教学的时间要充分掌握，使教学之外的其他活动减少到最低限度。

②掌握投入学习时间。上课时学生专心听讲与学业成就之间具有正相关，教师可以设法引起并维持学生学习动机，避免学生无事可做或离开教室。

③教学活动转衔时间。一堂课中常有数个教学活动会出现转换和衔接的情形，教学活动若有改变，应先告知学生（给予具体的指示），让学生有时间跟着转换，转换顺畅就可以节省许多教学时间。

④教学节奏快慢时间。全班在共同的时间内学习相同的教材，教学节奏太快会导致许多学生跟不上，教学节奏太慢又会让许多学生觉得无聊，因此教师可以随时观察学生的表情，或用问答法来确定学生是否了解所学知识，或是设定有75%的学生可以听懂的节奏。

⑤个别化教学时间。在学生自行学习的知识学习时间内，教师给予学生个别辅导。

— 学生学习的成功比率

— 学生投入学习的时间

— 教师实际教学的时间

— 学校排定的课堂时间

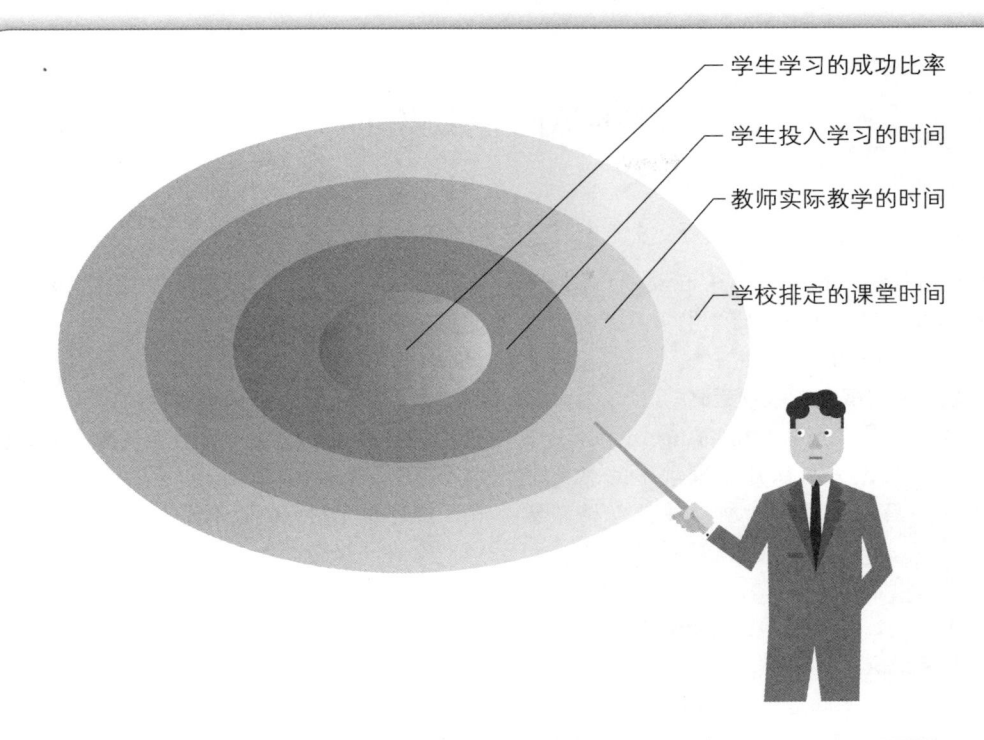

+ 知识补充站

从新手到专家（高效能教师）

有一则教育寓言是："一位古董名车的技术人员因为一时买不到车子零件，而将一只老旧的锅炉巧妙地改制成车子的冷却器，并把碎金属改制成引擎零件。终于，这位灵巧的修补匠利用手边各式各样的材料组合成一连串不同的成品，过程中他领会到程序、操作和推算的渐进区分及整合方式，使他从此变得驾轻就熟，而且在一开始就能知道该用何种材料最适当。"应用在教育上，新手教师和专家教师的差别在于，后者就像上述修车名匠，具有丰富的教学知识和经验能力，于是很容易就能引导不同的学习者解决问题，有效提升学生专注力和学习成果。

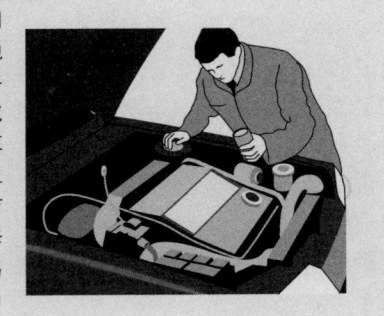

13-7 两种取向的教学策略

一、教学策略的意义

教学策略（instructional strategy）是指教师教学时，有计划地引导学生学习，进而达到教学目标所采用的一切方法。

二、教师主导取向的教学策略

又称指导式教学（direct instruction），是融合行为主义与认知心理学中的意义学习论与信息处理理论，所形成的一种教学策略。

教学策略的步骤：

第一步，从旧经验引导新的概念，教师提供前导组织。

第二步，明确地讲解教材内容，以下为七项原则：

①呈现知识性的学习材料时，要明确具体、系统化。

②讲解宜分段进行、适时停顿，方便学生短时记忆。

③遇到生字新词，宜写板书，符合多码并用的原则。

④讲解新概念时，适时提问，以确定学生明白理解。

⑤随时举例说明，例子需符合学生的认知发展水平。

⑥辅导学生多操作和练习，从正误答案中得到反馈。

⑦辅导学生独立完成作业，以符合后效强化的原则。

三、学生自学取向的教学策略

理论基础来自布鲁纳的发现学习论与人本主义的学习理论。

教学策略的特点：在教师的引导下发现学习；在合作学习中追求新知；教学活动与生活经验相结合。

四、教学策略的选择

教学策略的选择是相对性的，与教学目标、学科性质及学生年龄等因素都有关。选择原则如下：

①不同学科宜采取不同策略。

②不同策略适合不同年级。

五、协同教学的意义与形态

协同教学是指数个教师组成教学团体（团队）共同合作进行教学，打破以教室王国的观念，教师可以在不同领域中各自发挥专长。优点有：统整教师专业能力、组织分工完成教学、教学相长专业成长、教学活动富有变化。

Anderson将协同教学分成三种形态：

①楔形饼式：是一种非正式的教学团体，成员自愿参加，也随时可以自由退出。

②派盘式：是一种正式的教学团体，教师之间密切联系，共同研拟设计教学计划，分工合作完成教学目标。

③金字塔式：是一种严谨的、由小组领袖领导的教学团体，教师各自分担不同层级的教学工作，通常需要教师分级制度配合实施。

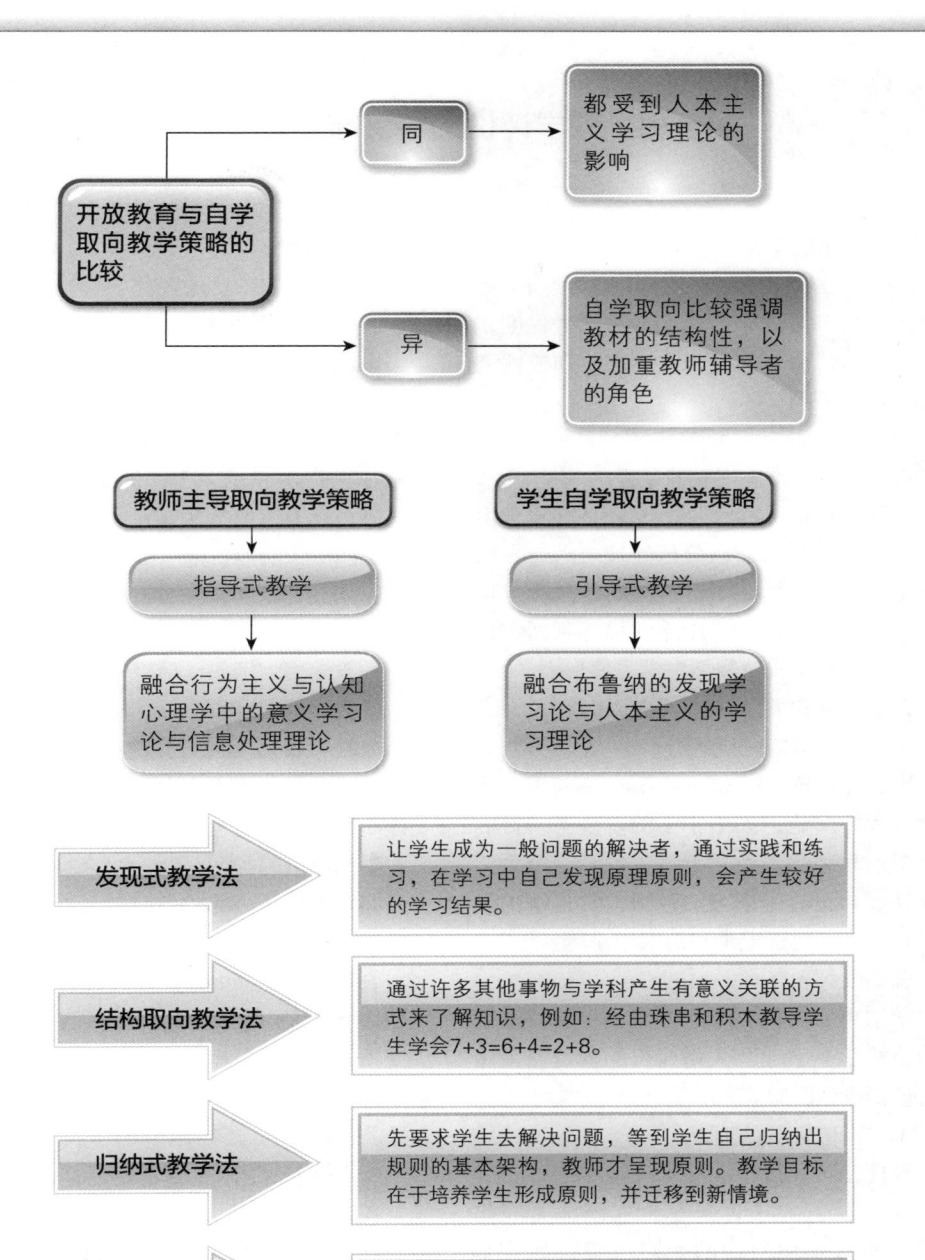

开放教育与自学取向教学策略的比较

- 同 → 都受到人本主义学习理论的影响
- 异 → 自学取向比较强调教材的结构性，以及加重教师辅导者的角色

教师主导取向教学策略
指导式教学 → 融合行为主义与认知心理学中的意义学习论与信息处理理论

学生自学取向教学策略
引导式教学 → 融合布鲁纳的发现学习论与人本主义的学习理论

发现式教学法：让学生成为一般问题的解决者，通过实践和练习，在学习中自己发现原理原则，会产生较好的学习结果。

结构取向教学法：通过许多其他事物与学科产生有意义关联的方式来了解知识，例如：经由珠串和积木教导学生学会7+3=6+4=2+8。

归纳式教学法：先要求学生去解决问题，等到学生自己归纳出规则的基本架构，教师才呈现原则。教学目标在于培养学生形成原则，并迁移到新情境。

演绎式教学法：先把原则呈现给学生，然后要求学生去解决问题，通过明确的教学及应用特定原则，可以解决特定情境问题。

13-8　教学评价的定义与类型

一、测验、测量与评价的定义

测验（test）：用来鉴别能力或倾向个体差异的工具，可以显示受试者的优劣程度，如倾向测验、能力测验、人格测验和成就测验等。

测量（measurement）：根据测量工具，使用数字来描述个人特质的过程。

评价（assessment）：有系统地搜集学生学习行为的资料，加以分析处理之后，再根据预定的教学目标给予价值判断的过程，可以量化数据呈现，也可用质性描述判断，借以了解教师教学成效和学生学习情形。

二、教学评价的类型

（一）依实施时机区分

形成性评价（formative assessment）：在教学过程中实施，如中小学的阶段考。目的在于帮助教师修正教学策略，也给予学生学习反馈或修正。采用方法包括教师自编的平时测验、平时观察记录和访谈记录等。

总结性评价（summative assessment）：在教学结束后实施，如期末考试。目的在于定期检核学生学业及人格成长的程度。采用方法包括成就测验等。

（二）依资料处理方式区分

常模参照评价（norm-referenced assessment）：目的在于评价学生在团体（同年级或同班级）中所占的相对位置，如升学考试。

标准参照评价（criterion-referenced assessment）：目的在于了解学生学习成就是否达到特定程度，如一般学校的考试会设定及格分数为60分。

（三）依实施目的区分

最佳表现评价（maximum performance assessment）：目的在于评价出受试者的最佳表现（能力的高低），如学科成就测验。

典型表现评价（typical performance assessment）：目的在于评价受试者是否具备某些典型行为，如态度或兴趣测验量表。

（四）依功能区分

安置性评价（placement assessment）：在教学前实施，用来了解学生先备知识，适用于一般学生，例如：学科先前测验。

诊断性评价（diagnostic assessment）：在形成性评价后实施，用来了解学生是否有学习困难，适用于学习困难学生，例如：学习诊断和心理诊断等。

三、多元评价的类型

实践评价（performance assessment）：实际操作、口头报告及实践表演的评价方式。

真实评价（authentic assessment）：学生将课堂所学应用于日常生活中的评价方式。

档案评价（portfolio assessment）：将学生学习经历的资料和成果建立成档案的评价方式。

动态评价（dynamic assessment）：基于维果茨基最近发展区和脚手架理论，它是一种双向互动的评价方式，教师会在学生遇到困难时提供协助，并视协助的多寡来给分。

类别	实施时机	目的	采用方法	例子
形成性评价	教学过程中	1.修正教学策略 2.给予学生学习反馈或修正	教师自编平时测验、平时观察记录、访谈记录	描述学生个人行为的变化
总结性评价	教学结束后	定期检核学生的学业及人格成长的程度	学科成就测验、平时观察记录	期末考试

类别	处理方式	目的	缺点	例子
常模参照评价	无事先预定标准，通过整体学生做比较分析	评价学生在团体中所占的相对位置	不能凭分数来评定学生学习成就的高低	升学考试
标准参照评价	有事先预定标准，通过标准化测验分数做分析	了解学生学习是否达到特定程度	只适用于知识教学的评价，不适用于情感教学的评价	一般学校考试

类别	实施目的	主要应用	例子
最佳表现评价	评价受试者的最佳表现（能不能）	重视竞争性与量化的评分，主要应用于认知方面的测验	学科成就测验
典型表现评价	评价受试者是否具备某些典型行为（愿不愿）	重视是否达到教学目标与质性描述，主要应用于情感方面的测验	情感类的态度或兴趣测验量表

类别	实施时机	实施对象	评价之后	例子
安置性评价	教学前，可了解学生的先备知识	一般学生	1.达标准：学习新知识 2.未达标准：补救教学	学科先前测验
诊断性评价	形成性评价后实施，可了解学生是否有学习困难	学习困难学生	1.达标准：学习新知识 2.未达标准：个别辅导、心理咨询	学习诊断、心理诊断

13-9　班级经营的定义与内涵

一、班级经营的定义

班级经营也可称作班级管理、教室管理和教室经营。

班级经营是指师生遵循一定的准则或规范，有效处理班级里的人、事、物，达成教育目标。

班级经营是为了使班级里的各种人、事、物活动得以顺利推展和互动，以教师为中心，运用科学化的方法和人性化的理念，配合社会需求、学校目标、家长期望及学生身心，来规划和开展适当的措施，以达到良好教学效果及教育目标的过程。

班级经营是指教师在教学过程中，如何布置良好的学习环境、营造和谐的班级气氛、维持合宜的教室规范及秩序，并有效运用管教与辅导方法，以促使学生学习达到预期的教学目标。

简言之，班级经营要做到"三心"，即教师教得"顺心"，学生学得"开心"，家长感到"放心"。

二、班级经营的特性和内涵

（一）教师期望营造的班级特性

理想的班级特性有：团结有凝聚力、学习气氛融洽、环境整洁干净、上课秩序良好、学习活泼快乐、尊重配合老师、互助合作学习、共同遵守班规、亲师良好互动、培养读书风气、有礼貌荣誉心、建立良好品德等。

（二）班级经营的重要内涵

班级经营的重要内涵有：班级规范的制定、班级环境的布置、学习气氛的营造、学生的自治组织、班级时间的管理、学生的作业指导、读书风气的养成、学习动机的提升、班级总务的管理、班级危机的处理、特殊学生的处理、偏差行为的辅导、亲师的合作沟通等。

（三）班级经营的实际工作

1. 建立有助于学生学习的班级规范

包括师生共同制定合理的班级规范与奖惩规定，教师要建立并运用班级学生自治组织，维持良好的班级秩序，适时强化学生的良好表现，以及妥善处理学生的不当行为或偶发状况。

2. 营造积极的班级学习气氛

包括引导学生专注于学习，安排有助于学生学习的环境，教学态度展现热忱，以及教师公平对待学生。

3. 促进家校沟通与合作

包括向家长清楚说明教学、评估和班级经营的理念和做法，定期告知家长有关学生的学习情形和各项表现，以及主动寻求家长合作以提高学生学习成效。

4. 落实学生辅导工作

包括整理任教班级学生的基本资料，辅导学生并整理资料，以及敏察标签化所产生的负向行为，适时采取预防措施与辅导。

三、教师在班级经营时常用的肢体语言

教师要善用良好的肢体语言，以维持班级良好秩序，例如：目光凝视、身体靠近、身体姿态、脸部表情和手势示意等。

```
                    ┌─────────────┐
                    │ 班级经营目的 │
                    └─────────────┘
         ┌───────────────┼───────────────┐
┌────────────────┐ ┌────────────────┐ ┌──────────────────┐
│维持并提供一个积 │ │提升学习兴趣，提│ │增进师生互动，培  │
│极有效的学习环境 │ │高教学效果      │ │养学生自我管理    │
│                │ │                │ │（班级自治）      │
└────────────────┘ └────────────────┘ └──────────────────┘
```

教室布置

- 目的
  - 扩展学习深度与广度
  - 发挥情境教育功能
  - 结合生活信息
  - 促进师生交流互动
- 原则
  - 整体性
  - 需要性
  - 教育性
  - 合作性
  - 经济性
  - 创新性
  - 安全性
  - 可替换性
  - 色彩协调性

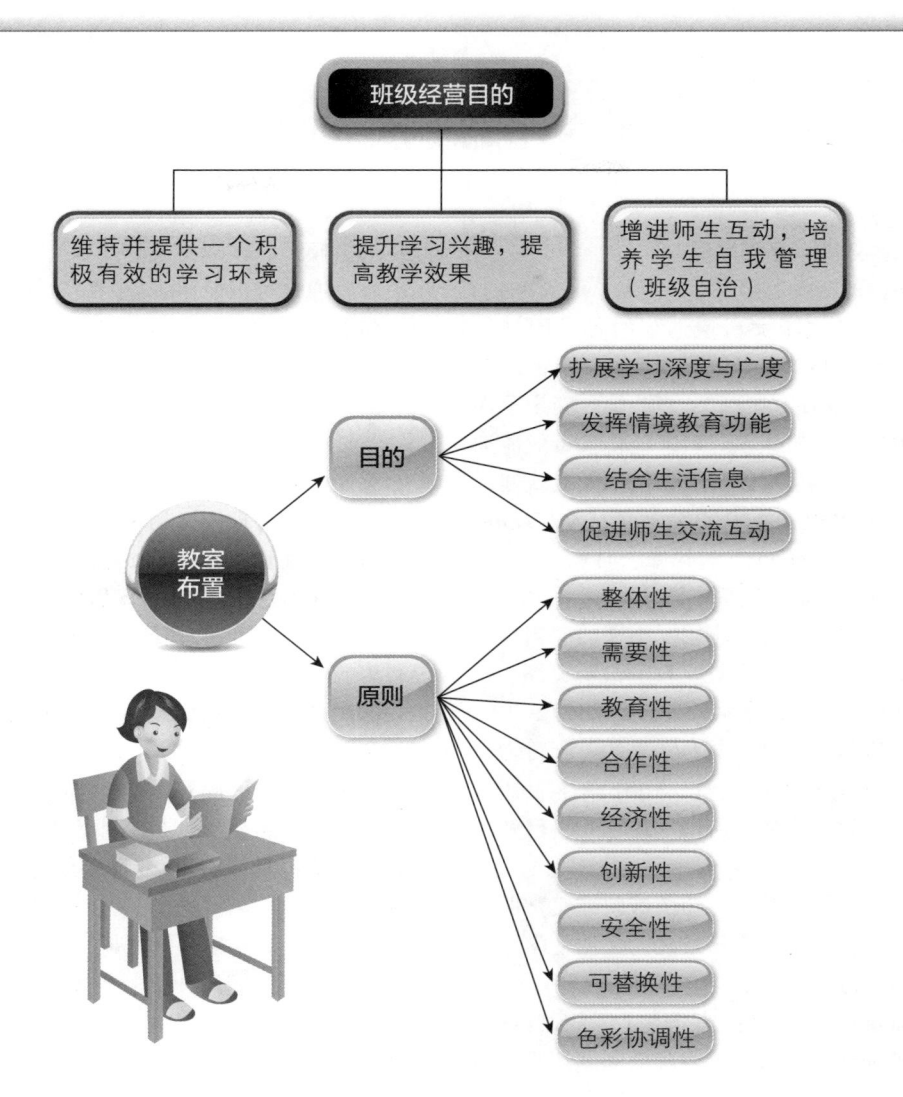

➕ 知识补充站

班级气氛的四种类型

1. 低关怀、低控制：教师对班级规范要求不多，也不太关心学生需求。
2. 低关怀、高控制：教师重视班级规范，但不太关心学生需求。
3. 高关怀、低控制：教师不太重视班级规范，但会关心学生需求。
4. 高关怀、高控制：教师重视班级规范，也高度关心学生需求。

13-10　教师效能训练与班级经营

一、教师效能训练的兴起

美国的心理医师高登（Thomas Gordon）针对父母教育子女所遭遇到的各种困难，在1962年举办"父母效能训练班"（parents effectiveness training），并提供一套亲子沟通及解决冲突的课程。后来他将父母效能训练技能应用到学校教师上，结果大受欢迎，在1974年出版《教师效能训练》（Teacher Effectiveness Training），风靡一时。

二、教师效能训练的基本理念

以学生为中心：应用罗杰斯的"当事人中心治疗法"，认为只要教师给予关怀、接纳与支持的环境，学生就会自发地成长。

营造和谐气氛：面对学生的不当行为，教师必须建立和谐气氛，引导学生表达内心感受，教师应从旁协助，让学生自己解决问题。

反对使用奖赏：惩罚的威胁或奖赏的条件都有碍于学生的人格发展，无法让学生为自己的行为负起责任。

厘清问题归属：当学生产生不当行为时，教师必须厘清这是教师的问题还是学生的问题，否则会阻碍师生间的良好沟通。

三、教师效能训练的做法

（一）倾听（聆听）

意义：有些学生会因为心理或生理问题困扰而无法专心上课，这属于"学生问题"，教师要避免使用"指导式的语言"，否则会阻碍师生沟通。

倾听的方式主要有三种：专注，眼睛保持注视学生，身体姿势保持开放，并向前倾；消极倾听，教师要安静地接受学生并表示关心，通常可以使用"敲门砖"（开放式的问句）方式和学生谈话；积极倾听，当学生感受到自己被接纳及关爱时，就会愿意讲出心声。

（二）我信息（I-Message）

意义：我信息是自我揭露的信息。它是一种清楚、容易理解又切中要点的信息，也是人与人之间表达信任、诚实、一致的真实想法和感觉。它的优点在于比较不容易引起学生的抗拒，反而可以让学生担负起改变自己行为的责任，有效帮助学生成长。

四种形式，包括：表白性、预防性、肯定性和面质性的我信息。

三个步骤：教师对学生不当行为加以描述，但不带责备语气；教师陈述学生的该种行为已造成的具体后果；教师表示自己对该行为的感受。

（三）没有输家——双赢法

意义：师生间的冲突经由双方的协商而达成共识；解决问题的方法必须是双方都接受的，所产生的解决办法通常是出于学生想法的。如此一来，自然会提高学生乐观其成的意愿，并拉近师生之间的距离，双方因为冲突化解而欣喜。

实施步骤：界定问题、提出解决方法、评估解决方法、选择解决方法、采取行动、评估结果。

教师效能训练四种形式

- **表白性的我信息**：对学生表露自己的信念、观点、喜好、感觉及想法
- **预防性的我信息**：让学生清楚知道完成目标后，可以获得奖励或满足需求
- **肯定性的我信息**：对学生表达赞赏、关爱及喜悦等正向的信息
- **面质性的我信息**：不加批评且具体描述学生的行为；对学生说明他的行为已经为教师带来困扰；说明教师对学生行为的感受

教师效能训练的实施步骤

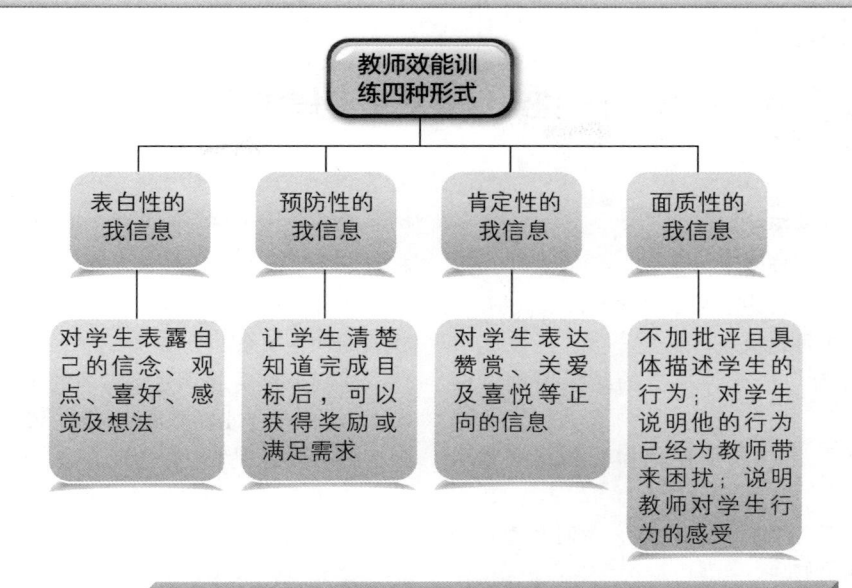

1. **用需求的观点来界定问题**：利用"积极聆听"技巧和"我信息"，去澄清问题的症结。

2. **提出可能的解决方法**：师生头脑风暴，尽量提出可能解决问题的方案，对任何方案都不加以评估。

3. **评估解决的方法**：对于各种可能的解决方法，进一步评估可行性。

4. **选择最佳解决方法**：根据可行性，决定双方都能接受的解决方法。

5. **采取行动**：针对所选定的解决方法加以规划，并付诸实施。

6. **评估结果**：实行后应定期作结果的评估，若成效令人不满意，则需要回到先前的步骤找出原因；如果仍无起色，则需用其他的解决方案，重复第三个步骤。

13-11　班级经营的重要模式（一）

一、行为塑造模式

（一）倡导者

斯金纳，行为主义心理学的代表人物。

（二）理论重点

①行为是由行为本身的结果所塑造而成的。

②正强化物或负强化物会强化或减弱行为。

③在学习某行为的初期，及时和连续强化的效果最好。

④一旦某行为建立后，可用间歇强化来维持行为。

（三）班级经营的应用

行为改变技术：例如，教师想要消除某学生上课经常离开座位的行为，可以先观察他一节课当中离开座位的频率（例如：大约每10分钟1次，约5次）；其次选择适当的强化物（喜欢打篮球，但每次下课都找不到场地），然后许诺他5分钟不离开座位就帮他在下课时找场地打篮球，只要他能做到就立刻给予强化；接下来10分钟、15分钟、25分钟、35分钟，一节课分成5个阶段目标来达成教师想要塑造的行为。

契约制、代币制：例如，奖励贴纸的应用。

二、果断纪律模式

（一）倡导者

美国的卡特（Canter）夫妇，受到行为主义心理学的影响。

（二）基本主张

①教师以威权的方式，主导并控制学生行为。

②制订教室纪律计划，明确规范师生权责。

③强调一致性、奖赏和后果，以及建立积极的师生关系。

④强调奖赏和惩处是有效的（增加约束力），教师施予赏罚要贯彻一致、没有偏见。

（三）处理学生行为反应的三种类型

①优柔寡断型的教师：没有建立明确的行为标准或缺乏执行能力。

②怒气冲天型的教师：采取敌对方式，对学生大声说话、威胁和讽刺学生。

③果断反应型的教师：教师的态度坚定、正向积极，让学生清楚知道教师期望的行为表现，扮演施予赏罚的角色，使用"破唱片法"（broken-record response），通过一再重复相同或类似的要求，最多3次，超过3次则施予适当的惩罚。

（四）班级经营的应用

在班级中，教师必须发展出一套明确的教室纪律计划，包括简单明确的规则，以及遵守规则的奖赏与违规的处罚，记录每位学生一天中累积的行为。当然，教师必须营造理想的学习环境，运用果断的方式来鼓励学生持续表现适当的行为，而且要促使学生对自己的行为后果负责任，而不只是逃避处罚。

（五）班级经营的示例

例如：吴老师转身写板书时，蔡一琳同学就开始和旁边的同学讲话。此时，吴老师一边写板书，一边说"蔡一琳你赶快写联络簿，不要再讲话了！"吴老师使用的是"全面掌控"的班级经营技巧，他对学生的一举一动了如指掌。

奖励贴纸　　　奖励积点卡　　　荣誉卡

强化作用的类型

	喜欢的	讨厌的
给予	正强化	惩罚
不给予	消退	负强化

> **＋ 知识补充站**
>
> **涟漪效应**
>
> 在班级经营过程中，教师的正负向行为都会影响周围学生，例如：教师处罚某位同学后，引起班上其他同学的不满。
>
> **消退法**
>
> 当同学都很专心聆听老师讲故事时，小明就会发出怪声音，老师越是注意他、制止他，他发出怪声音的频率就越高。这时老师应不理睬小明的不良行为，故意忽略他的不良行为。

行为改变技术的运用

我不喜欢厨房里的工作。

当他终于走进厨房

老公，你在炒菜啊！好爱你哟！

NG　　　YES

第十三章　教学理论与教学实践

13-12　班级经营的重要模式（二）

三、沟通分析模式

（一）代表人物

伯恩（E. Berne）与哈礼斯（T. A. Harris）。

（二）基本主张

抚慰（stroke）是生理和心理的刺激，是个人生存所必需。个人在幼年时期与他人互动，就是通过抚慰来形成自己与他人的关系，称为"心理地位"，可分成以下四种：

我好—你也好（I'm ok, you're ok）：能以正向观点来评估自己和他人，肯定自己也相信他人，能以积极的态度面对生活中的问题。

我好—你不好（I'm ok, you're not ok）：以否定他人来肯定自己，不信任他人；认为凡事都是他人的错误，自己不必负责任。

我不好—你好（I'm not ok, you're ok）：总觉得自己事事不如人，遇到挫折就时常自责，对自己缺乏价值感和信心。

我不好—你不好（I'm not ok, you're not ok）：不相信别人，也不相信自己，处于极端的失望和无助中。

（三）班级经营的应用

有些学生会经常处于"我不好—你好"或"我不好—你不好"的心理地位，于是在班上会怕出糗，故意恶作剧，做事拖拖拉拉或装疯卖傻。在此情况下，教师应该促使学生移向"我好—你也好"的心理地位。

教师要协助学生接纳自己，适时激励学生并提升自我效能感。

（四）班级经营的示例

例如，小丽对老师说："老师你看，大明把我的彩色笔抢走了。"老师说："你一定很生气，因为大明把你的彩色笔抢走了。"老师的这句话是为了让小丽知道自己已经了解发生的事并且和她有同样的感受，然后引导大明归还彩色笔给小丽。这是一种积极聆听的有效沟通方式。

四、现实治疗模式

现实治疗（client-centered）理论的代表人物是格拉瑟（W. Glasser），受到人本主义心理学的影响。

（一）基本主张

他认为人是自我决定的，人的行为具有目的性，是为了满足基本的生理或心理需求，并获得归属感、自我价值、自由及兴趣。

他认为人要满足自我的需求，就必须与重要他人在共融的关系中，表现出3R的行为：负责（responsibility）的行为；正确的（right）的行为；合于现实（reality）的行为。

（二）班级经营的应用

他主张教师和学生要维持平等对待的关系。唯有温暖、积极、真诚、接纳、不责备及不放弃的情境才能有效帮助学生获得能力，满足需求。应用于班级经营的八个步骤：在师生沟通中了解学生的需求；了解学生目前在继续做些什么；让学生了解行为得到的结果；针对问题与学生共拟改进计划；让学生对计划实践许下承诺；在承诺实践时不容许任何借口；不采用惩罚处理学生违规问题；教师永不放弃教育学生的责任。

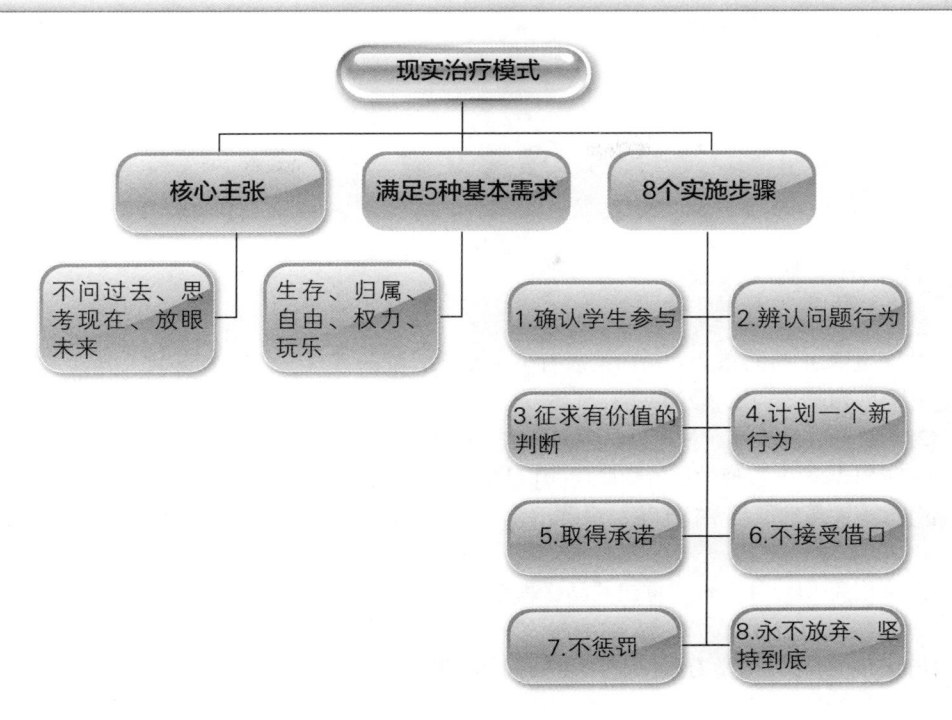

```
                        现实治疗模式
         ┌──────────────┼──────────────┐
      核心主张        满足5种基本需求      8个实施步骤
```

- 核心主张：不问过去、思考现在、放眼未来
- 满足5种基本需求：生存、归属、自由、权力、玩乐
- 8个实施步骤：
  1. 确认学生参与
  2. 辨认问题行为
  3. 征求有价值的判断
  4. 计划一个新行为
  5. 取得承诺
  6. 不接受借口
  7. 不惩罚
  8. 永不放弃、坚持到底

鼓励和称赞的区别

鼓励	称赞
肯定学生的优点和长处	着重于与他人比较和竞争
强调内在动机	强调外在动机
重视学生努力的过程	重视学生努力的结果
教师不对学生做任何价值判断	教师期望学生达到预期目标
着重学生的自我激励和潜能发挥	着重学生表现出好的行为以取悦他人

✚ 知识补充站

教师如何在开学两周内认识学生、记住和叫出学生名字?

◆ 方法一：玩"萝卜蹲"的小游戏，或是让同学先帮自己想一个好记的小名，然后告诉其他同学。

◆ 方法二：根据学生的特征做归类、记名字。或是制作学生名单，附上学生的照片，请学生填写名字和兴趣等个人基本资料。上课时也可以使用抽签来点学生回答问题，签上附有学生的座位号和名字。

◆ 方法三：利用下课或中午时间找同学聊天或共进午餐，加深印象。

参考文献

[1] 王金国.正向的态度，正向的教育——正向管教的理念与作法[J].静宜大学师资培育中心实习辅导通讯，2009，8：1-3.

[2] 王震武，林文瑛，林烘煜，等.心理学[M].2版.台北：学富文化事业有限公司，2008.

[3] 朱敬先.教育心理学：教学取向[M].台北：五南图书出版股份有限公司，2002.

[4] Carr A.正向心理学[M].2版.余芊瑢，朱惠琼，译.台北：扬智文化事业股份有限公司，2014.

[5] 吴俊宪.引导社会价值重建的品格教育课程设计[C].社会价值重建的课程与教学.高雄：复文图书出版社，2005：97-122.

[6] 吴俊宪.与佐藤学有约——学习共同体为教育带来一泓活水[J].静宜大学实习辅导通讯，2013，15：8-11.

[7] 吴锦惠，吴俊宪.儿童发展与辅导概要[M].台北：五南图书出版股份有限公司，2011.

[8] 吴锦惠，吴俊宪.亲职教育概要[M].台北：五南图书出版股份有限公司，2011.

[9] 李新民.正向心理学教学活动设计[M].高雄：丽文文化事业，2010.

[10] Zimmerman B J，Bonner S，Kovach R.自律学习[M].林心茹，译.台北：远流出版公司，2000.

[11] 林玉体.西洋教育思想史[M].修订2版.台北：三民书局，2006.

[12] 林玉玫.小学高年级学生正向心理资本课程实施成效之研究[D].台南：台南大学教育学系教育经营与管理研究所，2017.

[13] 林生传.教育心理学[M].台北：五南图书出版股份有限公司，2007.

[14] Mayer R E.教育心理学：认知取向[M].林清山，译.台北：远流出版公司，1995.

[15] 林进材.教学理论与方法[M].台北：五南图书出版股份有限公司，1999.

[16] Glritman H.心理学[M].洪兰，译.台北：远流出版公司，1995.

[17] 唐淑华.从希望感模式论学业挫折之调适与因应[M].台北：心理出版社，2010.

[18] 张民杰.班级经营：学说与案例应用[M].3版.台北：五南图书出版股份有限公司，2012.

[19] Shaffer D R，Kipp K.发展心理学[M].张欣戊，林淑玲，李明芝，译.台北：学富文化事业有限公司，2010.

[20] 张春兴.现代心理学[M].台北：东华出版社，2003.

[21] 张春兴.教育心理学[M].2版.台北：东华出版社，2015.

[22] 张春兴，林清山.教育心理学[M].台北：东华出版社，1981.
[23] 张新仁，李佳琪，柳文卿，等.班级经营：教室百宝箱[M].台北：五南图书出版股份有限公司，2006.
[24] 郭静晃.儿童发展与保育[M].台北：威仕曼文化事业股份有限公司，2005.
[25] 陈李绸，郭妙雪.教育心理学[M].台北：五南图书出版股份有限公司，1998.
[26] Schunk D H，Zimmerman J.自我调整学习教学理论与实务[M].陈嘉皇，郭顺利，黄俊杰，等译.台北：心理出版社，2003.
[27] 陈嘉阳.教育概论[M].5版.台中：教甄策略研究中心，2013.
[28] 黄政杰，吴俊宪.合作学习：发展与实践[M].台北：五南图书出版股份有限公司，2006.
[29] 佐藤学.学习的革命——从教室出发的改革[M].黄郁伦，钟启泉，译.台北：天下出版有限公司，2012.
[30] 黄德祥.青少年发展与辅导[M].台北：五南图书出版股份有限公司，1994.
[31] 温世颂.教育心理学[M].台北：三民书局，2007.
[32] 叶玉珠，高源令，修慧兰，等.教育心理学[M].台北：心理出版社，2004.
[33] 叶重新.教育心理学[M].台北：心理出版社，2011.
[34] 蔡启达.图解教学原理与设计[M].台北：五南图书出版股份有限公司，2012.
[35] 郑丽玉.教育心理学精要[M].台北：考用出版股份有限公司，2006.
[36] 钟圣校.正向心理情意：教与学[M].2版.台北：五南图书出版股份有限公司，2015.
[37] 魏郁华.台中市小学教师正向管教与教学效能关系之研究[D].台中：静宜大学教育研究所，2015.